AF611307

LOUIS FAVRE
Directeur de la " Bibliothèque des Méthodes
dans les Sciences expérimentales ".

NOTES sur

L'HISTOIRE GÉNÉRALE DES SCIENCES

PARIS
LIBRAIRIE C. REINWALD
SCHLEICHER FRÈRES & Cie, ÉDITEURS
15, RUE DES SAINTS-PÈRES, 15
1904

DU MÊME AUTEUR

La Vérité. — PENSÉES, 1 volume. (Cayer) .... 3 »

Traité de Diction. 2 volumes. (Delagrave).
TOME I. — *Diction claire et correcte* 3 50
TOME II. — *Diction expressive* 3 50

Dictionnaire de la Prononciation française. 1 volume. (Firmin-Didot et Cie).......... 6 »
Ce volume contient la Note de M. Gréard présentée à la Commission du Dictionnaire de l'Académie française.

Observations préliminaires sur la Réforme de l'Orthographe française. 1 vol. (Firmin-Didot et Cie)....... 1 »

Conseils aux Avocats et aux Professeurs sur la Diction. 1 vol. (Giard et Brière).......... » 50

La Méthode dans les Sciences expérimentales (Contribution à l'étude de). *Bibliothèque des Méthodes dans les Sciences expérimentales.* 1 volume (Schleicher frères).......... 5 »

La Méthode dans les Choses de la vie courante.— LOGIQUE, PSYCHOLOGIE. — TOME I. — *A propos d'une affaire récente (Affaire Dreyfus).* 1 volume. (Schleicher frères) 2 50

Projet d'Organisation de la Science. (Schleicher fr.). » 50

La Musique des Couleurs et les Musiques de l'avenir. *Bibliothèque des Méthodes dans les Beaux-Arts.* — 1 volume. (Schleicher frères) 1 50

L'Organisation de la Science. *Bibliothèque des Méthodes dans les Sciences expérimentales.* 1 vol. (Schleicher frères).... 6 »
LEÇONS PROFESSÉES A LA SORBONNE (COURS LIBRE, 1898-99).

L'Esprit scientifique et la Méthode scientifique. 1 vol. (Schleicher frères).......... 1 50

EN PRÉPARATION

Introduction à l'étude de la Médecine expérimentale, de Claude-Bernard. — Annotations et commentaire. (*Bibliothèque d'Histoire des Méthodes.*)

La Méthode en Agronomie. (*Bibliothèque des Méthodes dans les Sciences expérimentales.*)

La Méthode en Désinfection. (*Bibliothèque des Méthodes dans les Industries.*)

La Methode dans l'art de la Diction. (*Bibliothèque des Méthodes dans les Beaux-Arts.*)

La Méthode dans la Discussion juridique. — Le Bonheur.

Psychologie du Comédien. — Le point optimum en Biologie.

Eléments de Physique. — Philosophie des Sciences.

LOUIS FAVRE

Directeur de la " Bibliothèque des Méthodes
dans les Sciences expérimentales "

NOTES sur L'HISTOIRE GÉNÉRALE DES SCIENCES

PARIS

LIBRAIRIE C. REINWALD

SCHLEICHER FRÈRES & Cie, ÉDITEURS

15, RUE DES SAINTS-PÈRES, 15

1904

TABLE DES MATIÈRES

Avant-Propos 5
La Science, l'Histoire des Sciences et l'Esprit scientifique 7
L'Histoire générale des Sciences :
Ce qu'elle est. — Ce qu'elle n'est pas 23
Ce qu'elle montre :
Alternance et Oscillation 34
Doute et Croyance 37
Construction et Matériaux : les Faits 39
Analyse et Synthèse — Encyclopédisme 43
L'Unité dans la Nature et dans la Science 48
Fantaisie et Science 50
Anthropocentrisme et Anthropomorphisme 54
La Méthode 57
Révolutions dans la Méthode 59
Le Vrai et l'Utile 65
La Médecine et l'Agriculture 68
Les Impossibilités 71
Les Paradoxes 75
Le Progrès 80
Le Domaine de la Science 83
Contradiction et Conciliation 85
Les Idées et le Milieu récepteur 87
Faveur et Défaveur 90
Conditions du Progrès scientifique 93
Les Erreurs utiles 96
Les Erreurs classiques 97
Les Exagérations 98
Rien de Nouveau sous le soleil 101
La Science œuvre sociale 104
Comment l'édifier, comment et ou l'enseigner, par qui la faire enseigner 107
Ce qu'elle doit faire (rôle, utilité) 114
Résumé 121

AVANT-PROPOS

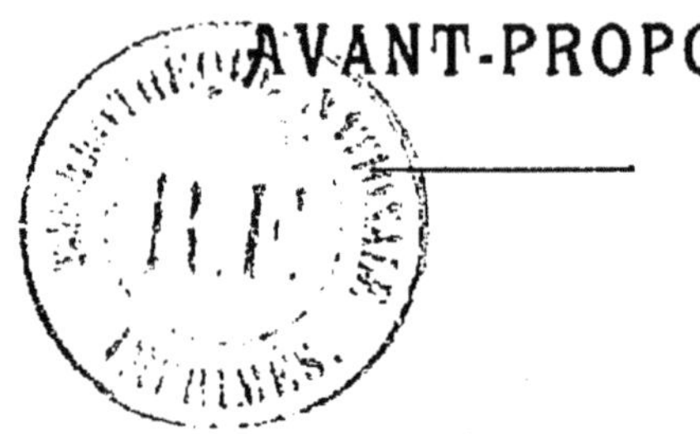

Ceci n'est pas un traité complet d'Histoire générale des Sciences; c'est seulement un ensemble de notes sur le sujet.

J'ai voulu rassembler ici les réflexions faites et les indications données par moi dans des travaux antérieurs. Quand cela m'a paru nécessaire, je les ai éclairées à la lumière de réflexions venues de savants auteurs.

Dans un traité complet — qui contiendrait un nombre de pages suffisant pour qu'on pût faire cela — il y aurait, à côté des faits généraux ou des lois énoncés, un nombre d'exemples beaucoup plus grand que celui qu'on a pu donner ici.

La Science, l'Histoire des Sciences et l'Esprit scientifique.

La Science prévoit l'avenir.

L'Histoire des Sciences montre le passé.

L'Esprit scientifique ou la Méthode scientique fait l'avenir au moyen du passé.

La Science veut prévoir l'avenir et y pourvoir.

L'Histoire nous montre le passé dont l'avenir sortira. L'Histoire des Sciences nous montre le passé de la Science, le passé de l'esprit humain cherchant la vérité, le passé de l'Esprit scientifique.

L'Esprit scientifique, cherchant la vérité scientifique et appliquant la Méthode scientifique, est montré à l'œuvre ou mis en lumière par l'Histoire des Sciences. Et l'Histoire des Sciences est éclairée elle-même et mieux comprise, quand on sait ce qu'est l'Esprit scientifique.

Nous voulons être maîtres de la nature.

Or, « on ne peut commander à la nature qu'en lui obéissant » (Bacon), qu'en connaissant les lois qu'elle impose et prévoyant les effets que les lois nécessitent. Il faut « savoir pour prévoir, afin de pourvoir ».

Ce qui nous importe, c'est l'avenir, l'avenir qu'on peut prévoir et sur lequel on peut agir avant qu'il naisse. Mais l'avenir n'existe pas encore : et nous ne pouvons le saisir directement, ni même le connaître directement. Il faut user d'artifice pour lui arracher son secret et le vaincre ou le dominer. L'artifice le voici : nous regardons l'avenir dans le passé (1), dans le passé qui lui ressemble. Nous étudions l'avenir, reflet du passé, dans le miroir qui le reflète, dans l'histoire.

Si la nature ne varie pas, si les lois naturelles restent les mêmes, si dans des conditions semblables les mêmes causes produisent toujours les mêmes effets, la connaissance des lois et des faits du passé nous donnera la connaissance de ceux de l'avenir, et aussi le moyen de commander à l'avenir.

La connaissance ou l'étude du passé, c'est l'histoire. Le passé du monde, c'est l'histoire du monde. Le passé de l'homme, c'est l'histoire de l'homme, ou de l'humanité, ou de la civilisation, ou — comme on dit encore — c'est « l'histoire » tout court.

L'homme est un être qui pense et qui agit. L'étude de son passé comporte donc l'étude de l'action et celle de la pensée humaines. Pensée et action sont toujours corrélatives; mais il est certaines manifestations dans lesquelles c'est la pensée qui est le plus apparente, et d'autres dans lesquelles c'est l'action.

Les manifestations dans lesquelles c'est la pensée qui apparaît le plus, sont : les sciences (scientifiques et littéraires), les arts, les philosophies et les religions, les législations. Ces diverses manifestations de la pensée se tiennent de très près, s'éclairent mutuellement; et l'on ne peut comprendre vraiment l'histoire de l'une des formes de la pensée, si l'on néglige entièrement de faire appel aux autres.

L'histoire des manifestations de la pensée humaine

---

(1) On peut dire encore que nous cherchons l'avenir en considérant aussi le présent ou le temps actuel. Mais ce que nous appelons « le présent » est si vite évanoui que, au moment où nous l'étudions, il es déjà entré dans le passé.

est une, parce que la pensée humaine est elle-même une. L'histoire de la pensée humaine faisant la science ou l'Histoire générale de la Science n'est autre chose que l'histoire de l'Esprit scientifique ou de la Méthode scientifique. Aussi, la véritable préparation à la connaissance de l'Histoire générale de la Science, l'antichambre qui y conduit, est-elle l'étude de l'Esprit scientifique ou de la Méthode scientifique.

Le but de la science est de découvrir le permanent sous le transitoire et le divers, de déterminer les lois des phénomènes passés qui permettront de prévoir les phénomènes futurs et aussi d'agir sur eux.

Pour découvrir ce qu'il y a de permanent sous les phénomènes divers, ce qui reste semblable dans des temps et des lieux différents, il faut d'abord recueillir de nombreux phénomènes, puis les comparer.

Les phénomènes que nous voulons étudier, il nous faut les demander au passé proprement dit, et à ce passé proche encore de nous que nous nommons le présent ou le temps actuel (1). Les faits étudiés, nous les empruntons à des temps qui ne sont pas précisément le nôtre et à des lieux différents du nôtre : et c'est l'histoire — entendue dans le sens large du mot — qui nous les fournit.

Les excursions que l'histoire nous fait accomplir à travers le temps (et aussi l'espace) ressemblent à celles que le voyageur fait à travers des pays inconnus de lui : les effets sont semblables. Les faits de la nature et de l'homme que le voyageur croyait d'abord permanents et nécessaires parce qu'il les avait observés chez lui, il voit qu'ils peuvent être ou différents

---

(1) « La science positive, en toutes ses démarches, procède donc de la même façon : *elle décompose l'expérience actuelle*, puis, à l'aide des éléments ainsi obtenus, *elle compose l'expérience future* ». (LIARD : *La Science positive et la Métaphysique*, 3e édit., p. 27).

ou absents ailleurs. Le voyageur qui observe est un historien du présent, comme l'historien est un voyageur dans le passé ou parcourant le passé.

Le présent, le passé et l'avenir ne sont pas toujours aussi distincts, dans notre esprit et dans la réalité, qu'il le parait d'abord.

Nous vivons dans le présent et, semble-t-il, du présent. En réalité, c'est du passé que nous vivons. Ce qui constitue notre vie présente, c'est la conscience que nous en avons; mais nous n'avons conscience que du passé : notre conscience présente se rapporte à des phénomènes qui sont tous passés.

En effet, nous ne connaissons les phénomènes (ou ce qu'on peut appeler le présent des phénomènes) que par l'intermédiaire de nos sensations ou de nos sens. Or, nos sens ne nous mettent en rapport qu'avec le passé. La vue que j'ai d'un objet n'entre dans ma conscience présente que un certain temps — mesurable — après que la lumière qui me le fait connaître a frappé mon œil. Et la lumière venant de l'objet ne frappe mon œil qu'après avoir quitté l'objet, le frappe seulement après qu'un certain temps — mesurable — s'est écoulé. Et je ne vois présentement l'objet comme je le vois que parce qu'il était comme je le vois et où je le vois dans un temps passé, passé depuis plus ou moins longtemps (1).

Si je considère le ciel par un soir de lune, je puis voir au même moment et d'un seul regard l'oiseau qui vole, l'étoile filante qui passe, la lune tranquille qui m'éclaire, et la nombreuse série d'étoiles que mon champ visuel embrasse. Et ces différents objets

(1) Si l'on voulait exprimer la même chose d'une façon plus frappante — mais inexacte, à la vérité —, on pourrait dire :
Nous ne voyons les choses telles que nous les voyons que parce qu'elles ont été ainsi autrefois, que parce qu'elles ne sont pas ou plus ainsi, que parce qu'elles n'existent pas.

sont du passé, et correspondent à des passés différents, qui sont de plus en plus éloignés de moi dans le temps à mesure qu'il s'agit d'objets plus éloignés dans l'espace. Je vois l'oiseau où il était dans un passé très proche, presque présent, l'étoile filante où elle était il y a une petite fraction de seconde, la lune où elle était il y a un peu plus d'une seconde, telle étoile (α du Centaure, par exemple) où elle était il y a quelques années seulement, telle autre où elle était il y a quelques dizaines d'années, et ainsi de suite.

Le présent, le présent de ma conscience, est fait de passés divers, de passés qui sont plus ou moins passés suivant l'objet dont il s'agit. Le tableau qui se présente à ma conscience correspond à quelque chose qui n'existe pas actuellement et qui même n'a jamais existé, puisqu'il présente comme coexistants dans le temps et dans l'espace des objets qui existaient en réalité à des époques différentes — et qui peuvent ne plus exister alors que je les vois.

C'est du passé que nous vivons. Et, en certain sens, il serait vrai de dire que nous pouvons vivre réellement dans le passé. En effet, si je puis m'éloigner de la terre avec une vitesse supérieure à celle de la lumière — et si ma vue est suffisante —, plus je m'éloignerai, plus ce que je verrai correspondra à un passé lointain : je verrai actuellement la clarté de la lampe allumée il y a quelques fractions de seconde, puis je verrai successivement — et d'une façon actuelle — les faits qui se sont passés il y a quelques secondes, quelques minutes, quelques heures, quelques jours, quelques mois, quelques années, quelques siècles. Je verrai se dérouler dans ma conscience présente tout le passé de l'humanité : je verrai actuellement, de mes yeux et sans hallucination aucune, Newton et Descartes, Galilée, Bacon,

Jésus, Archimède, Aristote, Hippocrate, Socrate, etc.; je verrai directement les révolutions terrestres et célestes; je vivrai réellement et actuellement dans l'antiquité la plus reculée.

Ce qui est vrai pour la vue l'est pour les autres sens et les diverses sensations : la conscience (subjective) présente est celle d'un objet passé. Conscience et objet conscient ou perçu ne sont pas contemporains. Il n'y a guère que pour la pensée ou l'émotion qu'on puisse se hasarder à soutenir que la conscience que nous en avons est contemporaine de leur existence.

Le temps, maître suprême, marque sur tout son empreinte, le signe de sa domination. Le passé, le présent, l'avenir sont les aspects sous lesquels il se présente à nous, les formes qu'il impose aux objets, le fond sur lesquels tous — phénomènes et êtres — doivent nécessairement se projeter. Pour l'homme ou le sujet humain, être qui vit et meurt, tous les objets sont projetés dans le temps.

« Le présent n'est jamais notre fin : le passé et le présent sont nos moyens ; le seul avenir est notre fin. » (Pascal : *Pensées*, art. III. 5.)

L'avenir nous point.

C'est du passé que nous vivons. C'est dans le présent que nous vivons. Mais c'est pour l'avenir que nous vivons : c'est en lui que nous plaçons nos désirs et nos espérances et nos joies, notre vraie vie, celle que nous pouvons faire — ou que les circonstances peuvent faire – conforme à l'idéal rêvé par nous, par chacun de nous.

L'avenir pique notre curiosité, il nous appelle, il nous attire, il nous étreint, il nous prend à la gorge et au cœur : il est pour nous la chose poignante.

De quoi demain sera-t-il fait ?

Telle est la question poignante que chacun de

nous se pose, et se pose avec d'autant plus de force ou d'insistance que son intelligence et son imagination sont plus élevées et plus aptes au travail de création.

Le temps met sur toutes choses son empreinte. Les hommes et les peuples, les phénomènes de la nature et les faits humains se projettent dans le temps. Et pour connaître l'avenir, qui est notre fin, pour connaître l'avenir de ces choses, nous regardons le passé qui le montre, ou qui permet de l'imaginer.

Tout ce qui a existé a un passé, peut être étudié dans son passé. Le monde a un passé, l'homme a un passé; et le passé du monde et celui de l'homme nous intéressent. Le passé du monde (astres divers, terre, etc.) fournit la matière de la science, nommée histoire du monde, que les astronomes, les géologues, etc. étudient. Le passé de l'homme est la matière de la science qu'on pourrait nommer histoire de l'homme, et qu'on nomme plutôt histoire de la civilisation ou « histoire » tout court.

L'homme pense et agit. Bien qu'il puisse penser sans agir véritablement ou d'une manière sensible, et agir sans penser nettement, l'homme d'ordinaire pense et agit en même temps ou conjointement. Et l'étude de l'action humaine doit conduire à celle de la pensée humaine, et l'étude de la pensée doit être accompagnée de celle de l'action humaine. Les deux études doivent être rapprochées, mais non confondues. Les *faits* de l'action humaine et les *doctrines* de la pensée humaine doivent être étudiés séparément d'abord, puis conjointement (pourrait-on dire) dans un exposé, dans une histoire, où l'on montrera les réactions continuelles et mutuelles des faits et des doctrines, de l'action et de la pensée.

L'homme recherche le vrai, le beau, le bien et l'utile. Il a commencé par rechercher l'utile (et bien des hommes, d'ailleurs, en sont encore à ce premier stade de la civilisation). Les objets ou choses utiles, matériellement ou physiquement utiles, utiles au corps humain, sont fournis par les arts utiles, par l'industrie, le commerce, etc., par l'art agricole et aussi par l'art médical. Les sciences qui correspondent à ces arts sont les sciences industrielles, commerciales et économiques, agricoles, médicales. La partie historique de ces sciences peut se rapporter soit à l'action, soit à la pensée correspondante, c'est-à-dire soit aux faits, soit aux doctrines. On peut ainsi — et l'on doit — établir une histoire des *faits* industriels, commerciaux et économiques, agricoles, médicaux, etc., et une histoire des *doctrines* industrielles, commerciales, économiques, agricoles, médicales, etc.

Chaque science possèdera un jour une partie historique comprenant : l'histoire des faits, et l'histoire des doctrines correspondantes. Dès maintenant on peut, en y réfléchissant, voir l'utilité ou la nécessité, pour toutes les sciences, des recherches et de l'enseignement qui correspondent à cette double étude historique. Cette nécessité s'est montrée d'abord très apparente pour un groupe important de sciences, les sciences économiques. A l'heure actuelle, l'enseignement supérieur fournit l'exemple de cours séparés — ou de livres — d'histoire des *faits* économiques, et d'histoire des *doctrines* économiques. Le mouvement qui doit disjoindre l'étude des « faits » et l'étude des « doctrines » correspondantes — pour les réunir ensuite dans une synthèse raisonnée — est ainsi déjà amorcé. Ce mouvement continuera.

Il n'y a guère de fait humain qui puisse exister sans pensée correspondante, ai-je dit. Il n'y a pas de fait économique (de fait d'échange, par exemple) qui puisse se faire sans que les acteurs, les échangeurs, aient aucune idée se rapportant à ce qu'ils font. Le fait et l'idée sont donc contemporains, doit-on dire — à la condition qu'on parle de l'idée plus ou moins vague que chacun peut avoir lorsqu'il agit. Mais, si l'on s'occupe de l'idée raisonnée et vraiment scientifique, de celle qui peut revêtir la forme d'une véritable doctrine, il faut dire que l'idée ou la doctrine ou la science est venue toujours après le fait ou l'acte.

De tout temps les faits économiques ont existé, de tout temps et chez tous les peuples il y a eu des faits de production, de circulation, de distribution et de consommation de la richesse ou des choses utiles. Mais il n'y a pas eu de tout temps des doctrines économiques sérieusement élaborées ou une science économique. La science économique est venue bien après l'art ou la pratique économique, comme la science industrielle après la pratique ou l'art industriel, comme la science agricole après l'art ou la pratique agricole, comme la science médicale après la pratique ou l'art médical.

Toute science a été précédée d'un art empirique correspondant — ou d'une pratique correspondante. Toute science est ou sera suivie d'un art scientifique, donnera lieu à l'établissement d'un art scientifique.

Cette loi (*art empirique* donnant naissance à la *science*, qui donne elle-même naissance à l'*art scientifique*) relie des facteurs dont la durée est très longue, et dont la périodicité est peu fréquente et, par conséquent, peu sensible encore. Tous les arts empiriques n'ont pas encore fourni la science correspondante, et les sciences établies ont rarement fourni déjà l'art scientifique qui doit les suivre et les accompagner. Mais partout la tendance exprimée par la loi se fait jour, en tous les domaines on perçoit l'agitation et les tâtonnements qui permettront d'atteindre le résultat annoncé ou prévu. Nombre d'hommes qui contribuent à produire le mouvement dans le sens indiqué le font d'une manière inconsciente ou peu consciente : il est bon que, ayant une fois énoncé eux-mêmes la loi, ils prévoient ou voient le sens du mouvement auquel ils contribuent. En prévoyant le mouvement et le résultat du mouvement qui les entraîne, ils pourront agir plus efficacement sur lui : ils pourront, au lieu de se laisser entraîner inconsciemment, considérer avec attention le chemin à parcourir, voir les obstacles qu'il faut vaincre ou tourner ; et ils pourront alors les vaincre ou les tourner plus facilement et plus rapidement.

Déjà, pour certains arts utiles ou objets utiles, on sent nettement le besoin de faire, après l'art empirique, une science, puis un art scientifique. Certaines industries, par exemple, sont déjà passées du premier stade (art empirique) au deuxième (science), et même au troisième (art scientifique). L'agriculture, se trouvant en partie au deuxième stade, essaye par endroits d'aborder le troisième. La médecine, malgré des efforts nombreux et bien dirigés, se trouve dans la même situation que l'agriculture : parvenue — en partie seulement — au second stade, elle tente sans cesse d'atteindre le troisième.

Ce que je viens de dire pour les arts utiles est vrai dans tous les autres domaines. Partout l'art empirique précède la science ; partout un art scientifique — ou basé sur les lois déterminées par la science correspondante — naît ou naîtra de la science. La pratique littéraire (poésie, compositions diverses) a existé avant la théorie des littératures (esthétique, critique, philologie et linguistique). Les faits religieux, les pratiques religieuses ont existé bien avant les théories et doctrines de théologie et théodicée. Les pratiques judiciaires ont existé avant les théories juridiques. Les faits humains ou les faits historiques ont existé avant la science historique qui les relate et les théories qui tendent à les expliquer, comme les faits naturels (de biologie, par exemple) ont existé avant la science ou la théorie de ces faits.

La vie sociale existe comme pratique ou art empirique avant qu'une science sociale naisse : les sociétés ont toujours existé, les sciences sociales ou plutôt la sociologie naissent à peine. Le besoin qu'on a toujours ressenti de faire la vie sociale la meilleure qu'il soit possible a toujours poussé à établir une science ou un système scientifique dont on pourrait tirer un art scientifique. Mais le désir et la croyance vont plus loin et plus vite que le pouvoir : bien des philosophes, dès l'antiquité, ont cru prématurément avoir fondé un système vraiment scientifique dont ils ont voulu tirer un système pratique de vie sociale ou applicable à la vie sociale — une politique, au sens large du mot. Leur science n'étant pas faite, étant sans base suffisante, l'art ou la pratique qu'ils voulaient fonder sur leur science n'avait pas de base non plus. Et les systèmes, scientifiques ou pratiques, se sont évanouis — en laissant toutefois quelques idées ou préceptes bons à sauver de l'oubli, bons à mettre en valeur et à pratiquer.

Un auteur, Aug. Comte, voulut au siècle dernier établir un art social scientifique (une sociotechnie — si l'on peut accepter ce mot de formation barbare), en le basant sur une science bien établie, qu'il prétendit établir ou construire (la sociologie). Et, pour établir solidement la sociologie, il voulut lui donner pour base les sciences déjà parvenues à l'état positif. L'ambition de cet auteur était grande, la tâche qu'il s'imposait dépassait de beaucoup les forces d'un homme, même grand. Le résultat, fort honorable, ne fut pas ce qu'attendait le philosophe. Mais l'idée qu'eut le philosophe de ne pas bâtir en l'air sa sociologie et sa politique, mais de les baser sur ce qu'il y avait de bien établi déjà, fut une idée de haute valeur, bien que très simple en apparence.

L'homme recherche l'utile, ce qui est utile à l'individu et ce qui est utile à la société. Mais il ne recherche pas que l'utile : le vrai, le beau et le bien l'intéressent aussi. Et la recherche du vrai, du beau et du bien suit la même loi que la recherche de l'utile. Pour le vrai, le beau et le bien, comme pour l'utile, l'homme commence par une pratique ou un art empirique, pour continuer par une science, qui sera suivie elle-même d'un art scientifique.

De tout temps il y a eu des arts du beau ou beaux-arts (arts de la forme et du mouvement), des pratiques du dessin, de la sculpture, de la peinture, de la musique, de la poésie, de la danse, etc. De tout temps il y a eu un art ou une pratique du bien, la morale pratique. De tout temps a existé un art d'arriver au vrai ou la recherche pratique de la vérité. Mais les sciences qui correspondent à ces arts ne sont pas encore bien avancées.

En effet, l'esthétique — ou science du beau —, malgré les efforts nombreux d'hommes savants et artistes (des temps modernes et contemporains, en particulier), n'est guère parvenue encore à sortir des généralités. L'esthétique musicale ou des sons et l'esthétique des couleurs (1) paraissent être les deux parties les moins en retard de la science esthétique. La sience esthétique étant peu développée, l'art scientifique correspondant l'est très peu.

L'œuvre morale a toujours existé : il y a toujours

---

(1) Me basant sur ce que l'on connait déjà de l'esthétique des couleurs et de l'esthétique du mouvement, j'ai essayé de fonder un art scientifique des couleurs en mouvement, art que j'ai nommé « Musique des Couleurs ».

eu de bonnes actions accomplies. La science morale — ou science du bien — est très peu avancée, malgré les efforts effectués dès l'antiquité par de nombreux penseurs et chercheurs. Mais le développement de la psychologie contemporaine, dont les progrès sont assez rapides, permet d'espérer l'établissement prochain d'une science morale basée sur les faits et non sur les mots. La science morale étant peu développée, l'art scientifique correspondant l'est très peu.

L'œuvre de vérité a toujours existé : on a raisonné avant que la science du raisonnement fût établie; il y a toujours eu un art empirique du raisonnement et de la recherche. Mais la science du vrai ou de la recherche du vrai — la logique, dans le sens large du mot, ou la méthodologie — est peu avancée. Elle est cependant moins en retard que la science esthétique et que la science morale.

Bien que la science logique soit pleine de lacunes, on a pourtant déjà réussi à poser quelques-unes des bases de l'art scientifique correspondant, art qu'on nomme la méthodologie appliquée (1).

Tout se tient dans le monde : et l'on peut d'un phénomène passer à l'autre, quand on connaît et possède le lien qui les unit.

Tout se tient dans l'homme. Le corps et l'esprit et le cœur sont liés entre eux : et l'on voit des actions

---

(1) La science et l'art scientifique des méthodes sont d'une importance essentielle pour la conduite de la vie humaine considérée dans toutes ses manifestations. Pour atteindre la connaissance désirée, pour connaître et faire connaître la science et l'art scientifique, j'ai fondé des collections dites « Bibliothèques des Méthodes ».

Pour connaître et faire le beau, le bien et l'utile, comme pour connaître et faire le vrai, il faut des méthodes : il y a des méthodes dans les beaux-arts, dans les industries, dans la morale, dans les choses de la vie courante, aussi bien que dans les sciences proprement dites. Et des « Bibliothèques des Méthodes » ont été fondées qui se rapportent à ces différentes catégories d'études et d'actions.

et réactions continuelles se faire d'une partie de l'homme sur l'autre ou les autres.

Tout se tient dans l'esprit humain : ses différentes manifestations sont liées entre elles, de telle sorte que le mouvement de l'une entraîne le mouvement des autres. Le lien qui les unit n'est pas tellement serré ou rigide et inextensible que le mouvement se communique toujours d'une façon instantanée : il faut souvent des années pour que la science, par exemple, agisse efficacement sur les beaux-arts, sur la religion, sur l'industrie et l'économique, sur les coutumes, la législation, les institutions, etc. ; mais l'action se produit toujours. Et nous pouvons — connaissant et prévoyant le sens dans lequel les choses doivent aller — hâter le mouvement et favoriser l'action.

Les manifestations qui sont le plus purement intellectuelles (sciences, lettres ou langue, arts, philosophie, religion, législation), reflétant le même esprit, sont dans une dépendance mutuelle assez étroite ; et l'une d'entre elles peut servir à expliquer ou exprimer les autres et à suppléer au manque d'expression ou de caractère des autres formes. Et l'on ne peut établir sérieusement une Histoire générale des Sciences, si l'on néglige totalement l'histoire des autres manifestations de l'activité et de l'esprit humains (histoires de l'art, des religions, des législations, littéraire, économique, etc.) et des actions et réactions qui se manifestent continuellement et s'expliquent mutuellement. Quand l'une de ces manifestations est insuffisamment expressive pour faire comprendre une période de l'histoire, il faut chercher dans les autres manifestations le caractère expressif qui lui manque (1) — et,

(1) Dans les périodes de nuit apparente — comme dans le moyen-âge — un flambeau, une lumière, quelque chose qui vit peut encore subsister. Si ce n'est du côté de la science qu'on le trouve, ce sera du côté des lettres ou de l'art ou de quelque autre manifestation de la pensée.

par exemple, il faut demander à un art ce que les autres arts n'ont pu exprimer.

« Ainsi, ce que le moyen-âge n'a pas su dire par la parole ou ce qu'il n'a dit que d'une voix sourde et qui ne porte point — les mystères augustes du dogme chrétien, la poésie de l'Ancien et du Nouveau Testament, les morts triomphantes des Martyrs, les miracles des Saints et leur charité infinie — tout cela, il l'a sculpté d'un ferme et large ciseau qui, sans chercher la difficulté, ne s'en effraye point et, quelle que soit la matière employée, est sûr de sa forme ». (G. Perrot : *L'Histoire de l'Art dans l'Enseignem. secondaire*, p. 33).

L'action de la science, par exemple, se montre présente dans toutes les manifestations de l'esprit humain : l'observation et l'expérimentation, venues de la science positive, tendent à pénétrer partout. Et, depuis un demi-siècle surtout, on se plaît à écrire sur le « Roman expérimental », le « Christianisme expérimental », la « Politique expérimentale », la « Science financière expérimentale », etc. Je sais bien que souvent l'action est plus apparente que réelle, qu'elle se trouve plus sensible dans les mots que dans les choses ; mais elle existe pourtant dans les choses.

L'Histoire des Sciences nous montre comment la science s'est faite, comment elle se fait et, par suite, comment elle se fera. Elle nous montre l'esprit scientifique accomplissant son œuvre de critique et de construction, l'Esprit scientifique ou la Méthode scientifique faisant la Science. Elle nous fait comprendre ce qu'est l'esprit scientifique : elle nous dispose et nous prépare à l'acquérir.

L'Histoire Générale des Sciences

CE QU'ELLE EST. — CE QU'ELLE N'EST PAS

L'Histoire générale des Sciences recherche ce qu'il y a de général dans l'histoire des diverses sciences spéciales, ce qu'il y a de commun dans les évolutions des sciences spéciales.

Qu'est-ce que les sciences spéciales peuvent avoir de commun ? Qu'est-ce qui peut faire leur unité ? Et qu'est-ce qu'il peut y avoir de commun dans leur évolution ?

Ce que les diverses sciences ont de commun ou qu'on retrouve dans toutes, ce n'est pas leurs faits, spéciaux (par définition, pourrait-on dire), c'est le travail de l'esprit humain cherchant la vérité. Ce qu'il y a de commun à toutes les sciences et à toutes les recherches scientifiques, c'est la Méthode scientifique faisant la science, c'est l'Esprit scientifique appliquant la méthode scientifique.

Et l'on voit nettement que l'Histoire générale des Sciences coïncidera sensiblement avec l'Histoire de la Méthode scientifique et de l'Esprit scientifique.

Pour voir ce qu'il y a de général dans un groupe d'objets ou d'espèces, il faut rapprocher et comparer les différentes espèces (ici les différentes histoires spéciales). Et l'on aperçoit que toute science générale est en même temps comparée : elle est générale, si l'on considère les résultats obtenus par l'élaboration préparatoire ; elle est comparée, si l'on considère le travail d'élaboration ou d'édification, la méthode employée pour obtenir les résultats. Et l'Histoire générale des Sciences pourrait être nommée Histoire générale et comparée des Sciences.

Toute science générale est une science comparée ou basée sur la comparaison ; et toute science comparée ou basée sur la comparaison doit aboutir à des propositions générales, à une science générale. Et il semble qu'on ne puisse séparer la science générale de la comparée. Pourtant cette séparation est déjà faite pour un certain nombre de sciences : pour la grammaire et la philologie, la médecine, la physiologie et la pathologie, l'agriculture, etc.

La grammaire dite générale (nécessairement basée sur la comparaison) s'occupe de dégager les lois générales auxquelles tout langage possible est ou sera assujetti. Elle s'attache surtout aux résultats les plus généraux, sans s'arrêter plus qu'il ne le faut aux moyens de les obtenir : elle est plus générale que comparée.

La grammaire dite comparée (qui aboutit nécessairement à l'énoncé de propositions générales) s'occupe de rapprocher les différentes langues considérées dans leur grammaire (1), de les comparer, pour voir ce qu'elles ont de commun ou de général et ce qu'elles ont de spécial. Dans la grammaire comparée, si l'on a soin d'indiquer les résultats généraux, on prend soin plus encore de mettre constamment en évidence le procédé de comparaison employé : la grammaire dite comparée est plus comparée que générale.

(1) La philologie comparée s'occupe de rapprocher tout ce qui, dans les langues, n'est pas la grammaire.

D'ailleurs, on aura tendance, dans la grammaire générale, à étudier les questions les plus générales, celles qui débordent la grammaire strictement conçue, c'est-à-dire les questions philosophiques — psychologiques et logiques — qui touchent aux rapports de la pensée avec son expression, avec le langage. D'autre part encore, dans la grammaire dite générale, la comparaison portera sur un plus grand nombre d'espèces que cela n'a lieu dans la grammaire dite comparée. Si la grammaire dite générale compare à la fois toutes les langues, la grammaire dite comparée compare à la fois seulement un certain nombre de langues (grammaire comparée des langues indo-européennes, par exemple).

La pathologie générale est nécessairement basée sur la comparaison ; et la pathologie comparée cherche à obtenir des résultats généraux, à établir des propositions générales. Et il semble d'abord qu'on pourrait confondre pathologie générale et pathologie comparée. Pourtant on a coutume, tout en les unissant souvent (pathologie générale et comparée), de distinguer ces deux sciences.

La pathologie dite générale (nécessairement basée sur la comparaison) s'occupe de ce qu'il y a de général ou qui appartienne à toutes les maladies, s'occupe des questions qu'on peut poser à l'occasion de toutes les maladies : elle détermine les causes et les lois des phénomènes morbides, les processus, etc., ainsi que le langage (le vocabulaire, en particulier) le plus propre à l'étude commune des chercheurs. Dans la pathologie dite générale, on s'attache plutôt à montrer les résultats généraux ou les propositions générales obtenus qu'à montrer le procédé de comparaison mis en œuvre : la pathologie dite générale est plus générale que comparée.

La pathologie dite comparée (qui aboutit nécessairement à l'énoncé de propositions générales) s'occupe de rapprocher, non pas les diverses maladies — comme le fait la pathologie générale —, mais les divers organismes malades, les diverses espèces d'animaux, ou d'êtres vivants, soumis à l'action d'un même mal.

Dans la pathologie dite générale, les propositions générales se rapportent aux différentes espèces de maladies. Dans la pathologie dite comparée, les propositions générales se rapportent aux différentes espèces d'êtres malades.

L'agriculture dite générale (nécessairement basée sur la comparaison) correspond sensiblement à la pathologie générale : elle s'occupe de ce qu'il y a de commun dans toutes les cultures, elle traite des questions qui se posent à l'occasion d'une culture quelconque.

L'agriculture dite comparée (qui doit aboutir à des propositions générales) s'occupe de rapprocher et comparer les différents pays, d'étudier les différents milieux de culture naturels (sol, climat, etc.), en considérant les cultures qui sont faites dans ces différentes conditions géographiques, géologiques, météorologiques, etc.

L'Histoire générale des Sciences s'occupe de l'histoire de ce qu'il y a de commun à toutes les sciences (elle s'oppose par ce côté à l'histoire spéciale de telle ou telle science).

Si la Philosophie des Sciences étudie ce qu'il y a de commun à toutes les sciences ou à plusieurs d'entre elles (les *rapports* des sciences entre elles et les *théories* générales qui dominent les sciences — ainsi que les *méthodes* générales qui permettent de les établir), on voit qu'il y a bien des points communs entre l'Histoire générale des Sciences et la Philosophie des Sciences. Aussi on ne peut faire sérieusement une Histoire générale des Sciences qui ne soit pas philosophique ; et on ne peut faire sérieusement une Philosophie des Sciences qui ne soit pas basée sur l'histoire.

Cette observation nous aide à comprendre pourquoi Aug. Comte, ayant d'une part écrit un traité de Philosophie des Sciences (Philosophie positive), demanda d'autre part à faire, au Collège de France, un cours sur l'Histoire des Sciences mathématiques et physiques, et pourquoi son successeur occupa une chaire d'Histoire générale des Sciences. C'est qu'ici l'Histoire et la Philosophie s'appellent, se pénètrent par endroits, et souvent se confondent.

Comme toutes les autres sciences, l'Histoire générale des Sciences recherche et veut connaître : les *faits* qui se rapportent à son objet, leurs *causes* prochaines ou conditions d'existence, et leurs *lois*. Elle veut connaître les lois de l'évolution scientifique, afin de prévoir à chaque époque les phases qui vont suivre : savoir pour prévoir. Elle veut prévoir ce qui se produira naturellement ou en dehors de l'intervention humaine, afin de savoir comment l'homme doit agir pour canaliser ou diriger la tendance naturelle dans le sens le plus utile à l'humanité, afin de savoir quelles conditions l'homme doit préparer pour que, la loi ou la tendance connue agissant toujours de même, l'effet produit soit précisément celui qu'on désire : prévoir afin de préagir ou de pourvoir.

Les *faits* de l'Histoire générale des Sciences sont des faits qui se présentent d'une façon semblable dans plusieurs sciences ou histoires des sciences : ce sont, par là même, des faits généraux. Et l'exposition de ces faits généraux prend naturellement — comme on le constatera ici — une forme semblable à celle des lois ou des tendances générales. Quant aux *causes* de l'évolution scientifique, elles méritent d'être mises en pleine lumière à côté des *lois*.

La science est l'ensemble des idées de l'homme touchant la nature entendue dans le sens large du mot. L'évolution de ces idées dépend nécessairement et de l'homme et de la nature.

L'homme a corps et esprit. Et l'esprit dépend du corps. La science humaine a pour première source les sensations humaines. Les conditions du sujet sentant et pensant, les conditions de nos sensations et de nos sens (sens de la vue, en particulier) devaient déterminer le développement de la science tel que nous le connaissons.

Les sensations sont les premiers facteurs à considérer ; mais d'autres facteurs aussi sont importants. En effet, à chaque moment le développement de la science — comme de tout phénomène (1) — dépend de l'état immédiatement antérieur ou des conditions qui caractérisent cet état. Ainsi telle découverte ne peut venir qu'après telle autre : le microbe ne peut être vraiment connu qu'après le microscope. Les capitaux intellectuels accumulés dans telle ou telle partie de la science sont des facteurs importants de l'évolution scientifique de telle branche ou de l'ensemble tout entier.

C'est l'esprit qui fait la science : les matériaux sont nécessaires, mais le jeu de l'esprit l'est aussi. Suivant l'esprit qui travaille et suivant les besoins et les tendances, le développement se fera dans tel ou tel sens. Telle époque pousse les esprits vers les recherches utilitaires, et telle autre vers les recherches désintéressées. Les esprits d'une époque peuvent présenter

(1) V. Poincaré : *La Science et l'Hypothèse*, p. 96, 182 ; Favre : *La Méthode dans les Sciences expérimentales*, p. 19, 21, 182.

des tendances communes ou générales, mais chaque esprit ou chaque homme possède aussi des tendances spéciales et des qualités spéciales. Et l'influence des hommes de génie est à considérer : il faut montrer avec quelle force cette influence est apparue, lorsque l'homme de génie était adapté au milieu ou que le milieu était préparé à recevoir la semence, et comment cette influence a pu être nulle — ou à peu près — lorsque l'homme de génie était, dans la voie par lui choisie, trop en avance sur son temps.

L'évolution scientifique, par le fait qu'elle dépend de l'état des esprits (de ceux qui font la science et de ceux qui la reçoivent faite) et qu'elle le laisse voir, met en évidence l'importance de la préparation des esprits — producteurs et assimilateurs —. Ainsi devient apparente l'importance de l'éducation scientifique.

Si l'évolution scientifique dépend pour beaucoup du facteur humain (le sujet qui sent et qui pense), elle dépend beaucoup aussi du facteur nature (l'objet senti et pensé ou compris). Et, par exemple, tel fait naturel qui est plus facilement observable ou imaginable devait être observé ou imaginé d'abord ; et telle science ou partie de science a dû naître avant telle autre.

La science suppose un sujet qui la fait (l'individu humain) et un objet sur lequel elle porte (la nature, les vérités naturelles). Le rapport entre le sujet pensant et la nature pensée, la communication entre les deux, est établi par la méthode, par l'ensemble des moyens qui permettent à l'individu de connaître la nature. L'évolution scientifique dépend à chaque moment du développement de la méthode en général et de toutes les méthodes et techniques particulières, et du perfectionnement du matériel technique ou instrumental qui permet les déterminations nombreuses et de plus en plus précises. Les découvertes scientifiques se font grâce aux méthodes dont on sait tirer profit ; et, par un juste retour, les méthodes se développent ou se perfectionnent grâce aux découvertes faites qui permettent leur application.

L'évolution scientifique dépend donc du facteur nature, du facteur humain primitif, et de ce troisième facteur — humain aussi, mais acquis — la méthode (qui établit le lien entre les deux premiers), qui permet à l'homme de connaître et de commander la nature. A la méthode on peut rattacher ce qui concerne les points de vue auxquels on se place pour considérer les faits de la science.

Le quatrième facteur signalé, les capitaux scientifiques accumulés, doit être rattaché au facteur nature ou au facteur homme, suivant le point de vue que l'on choisit. En effet, c'est l'homme qui a créé ou réuni ces capitaux ; mais, lorsque le chercheur les met en œuvre, il travaille sur des matériaux déjà préparés et dans le commerce scientifique — si l'on peut ainsi parler —, sur des objets ou au moyen d'objets que lui présente la nature, qui sont hors de l'homme.

A chaque moment, l'évolution scientifique dépend de ces quatre facteurs principaux (et aussi d'autres facteurs, ou causes ou conditions, qu'on pourrait ramener à ceux-ci). Et il serait bon, dans chaque cas étudié, de montrer l'influence de chacun d'eux sur le mouvement résultant observé.

Les faits généraux, les lois ou tendances sont en rapport avec les facteurs indiqués.

A chaque moment de l'évolution scientifique, ces faits se rapportent à l'état de telle science particulière comparé à celui des autres sciences et de l'ensemble des sciences, ainsi qu'à l'état de la méthode de cette science comparé à celui de la méthode dans les autres sciences. Ils se rapportent aux liens, naturels et artificiels, qui existent entre cette science et toutes les autres, et à la manière d'établir ces liens, et aussi à la subordination de telle science ou de sa méthode à telle autre science ou à sa méthode (classification des sciences).

Ces faits et lois se rapportent aux sciences et objets étudiés, mais aussi aux sujets qui étudient, aux hommes. A une époque donnée et pour chaque partie du domaine de la science, les travailleurs sont plus ou moins nombreux, plus ou moins solidaires, plus ou moins habiles ou bien préparés, plus ou moins appréciés ou compris, ils ont des vues plus ou moins justes, ou des points de vue plus ou moins féconds ou à plus ou moins large horizon, etc. Les hommes qui font la science travaillent à une œuvre commune; mais leurs efforts sont plus ou moins convergents : le travail de la science est plus ou moins bien organisé. Et l'histoire de « l'organisation du travail scientifique » est importante, ainsi, d'ailleurs, que celle de « l'organisation de la science » (qui fait succéder à l'état amorphe l'état organisé) : organisation de la science faite, de la recherche scientifique, et de l'enseignement scientifique.

L'Histoire générale des Sciences n'est pas faite encore, malgré quelques essais tentés. Les matériaux avec lesquels on pourra la constituer sont assez nombreux; mais la construction n'est pas encore élevée. Et c'est ce qui explique que certains hommes, même savants, ne comprennent pas encore (Congrès de Rome) ni ce qu'est cette science générale, ni l'importance qu'elle peut avoir pour le développement ultérieur de la science et de l'esprit humain.

Pour s'occuper d'établir l'Histoire générale et philosophique des Sciences, il faut posséder une préparation encyclopédique. C'est ce qui explique que plus d'un homme, même savant, ne pense pas que cette science puisse être faite, parce qu'il pense qu'on ne peut à notre époque avoir des connaissances encyclopédiques, on ne peut être encyclopédiste (v. *L'Esprit scientifique et la Méthode scientifique,* p. 58 sq.). L'erreur de ceux qui croient à cette dernière impossibilité vient de ce qu'ils confondent les deux sens du mot « encyclopédiste ».

D'après le sens large, qui est le sens vulgaire, est « encyclopédiste » celui qui sait tout. Et dans ce sens, il est impossible d'être encyclopédiste.

D'après le sens restreint (qui correspond aux nécessités d'un cours sur l'Histoire générale des Sciences), est « encyclopédiste » celui qui possède, sur chacune des principales parties du savoir, des connaissances telles qu'il puisse rapidement se mettre au courant d'une question quelconque — traitée par d'autres ou qu'il devra traiter lui-même —, afin d'en tirer des conclusions utiles pour l'Histoire générale et la Philosophie des Sciences. Dans ce sens, il est possible d'être encyclopédiste.

Et l'Histoire générale des Sciences peut et doit être constituée un jour.

Pour mon compte, je n'ai pas la prétention de constituer entièrement ici l'Histoire générale des Sciences, ni même celle d'exposer en quelques pages tout ce qu'on peut dire actuellement sur le sujet. Mon intention est seulement de rappeler, dans ces notes, quelques réflexions déjà présentées par moi dans d'autres travaux, et de les soutenir de quelques indications empruntées à divers savants. Ces remarques peuvent prendre la forme de lois, c'est-à-dire conduire à des énoncés semblables à ceux des lois, des tendances générales ou des faits généraux.

Dans une Histoire générale des Sciences complète,

il faudrait descendre jusqu'au détail, et donner de nombreux exemples pour illustrer les lois ou tendances indiquées.

CE QU'ELLE MONTRE

L'Histoire générale des Sciences montre à l'œuvre certaines lois ou tendances générales, et montre les résultats produits ou les effets de ces tendances.

***

Alternance et Oscillation

Parmi les faits généraux que montre l'Histoire générale des Sciences, celui qui paraît le plus frappant et le plus général est le fait de l'alternance et de l'oscillation. (V. *La Méthode dans les Sciences expériment.*, p. 334 sq. ; *L'Organisation de la Science*, p. 195 sq.)

La marche des tendances et des idées ne se fait pas suivant une ligne droite et ascendante, mais suivant une ligne à inflexions (brisée ou courbe), qu'on peut comparer, par exemple, à une sinusoïde, ou à une hélice, ou à une trajectoire pendulaire.

Par exemple, on verra succéder à l'époque où la tendance vers les recherches de science utile ou appliquée se montre, l'époque où se montre la tendance vers les recherches de science pure et désintéressée ou de « la science pour la science » : et l'on verra les deux tendances alterner. Le mouvement se fera d'une tendance à l'autre, semblable à celui d'un pendule oscillant entre deux positions opposées et passant par une position moyenne.

On peut encore comparer le progrès dans la science

à la marche suivant une sinusoïde ou une hélice, si l'on considère que le mobile qui passe l'axe ou le plan ne revient pas exactement à la position qu'il a déjà occupée du même côté de l'axe ou du plan, mais que, au contraire, les positions successives occupées d'un même côté marquent une progression.

Quand on revient à une tendance ancienne ou à une théorie ancienne (1), c'est toujours en la modifiant plus ou moins, en lui donnant une apparence nouvelle et une situation nouvelle, et c'est souvent en la perfectionnant, en la modifiant dans le sens du mieux.

Par suite du phénomène de l'alternance ou de l'oscillation, la marche naturelle de la science se produit souvent dans le sens d'un retour apparent en arrière : le progrès réel consiste souvent dans un recul apparent. Aussi, lorsqu'on s'est occupé de l'histoire des sciences, se laisse-t-on difficilement toucher par l'argument suivant (qu'on a souvent opposé aux novateurs, qui a été opposé à Pasteur, par exemple) : « Admettre ce que vous dites, ce serait retourner en arrière, ce serait reculer jusqu'à telle époque ; c'est une théorie surannée, une théorie définitivement morte, que celle que vous soutenez ». Pour accepter ou rejeter, l'important est de savoir, non pas s'il y a

---

(1) Les théories ou les idées — comme les individus et les partis politiques — veulent tout ramener à soi et tout régir.

Chaque théorie pousse jusqu'à l'excès sa tendance dominatrice, sa volonté de tout expliquer : un jour vient où l'abus est tellement manifeste (ici comme en politique) que la faveur publique se déprend de la théorie ancienne ou présente, dont les défauts sont apparus trop nettement, et passe à la théorie contraire ou opposée. Et celle-ci, devenant en faveur, ne tarde pas à se croire tout permis, à tout se permettre : alors, elle laisse apparaître, à côté de ses qualités, ses défauts — ou la part d'erreur qu'elle contient et que ses partisans font croître comme à plaisir. L'excès ou l'abus amène alors le dégoût ; et la faveur publique passe au parti contraire, revient à la théorie opposée. (V. *La Méthode dans les Sciences expérim.*, p. 334, 335.)

un recul apparent, mais si le recul qui est apparent est en même temps réel.

Les théories mortes sont des morts qui reviennent d'ordinaire, des morts qui reviendront. Et les théories qui viennent au jour sont d'ordinaire des morts revenants ou revenus. Et, par exemple, le polyzoïsme et le polypsychisme actuels peuvent être trouvés — sous une autre forme ou en germe — chez des auteurs anciens et modernes, chez Leibnitz, etc. La théorie de l'unité de la matière totale, la théorie atomique, la théorie de l'unité fondamentale de la matière vivante ou organisée et de la matière inorganisée, la théorie des localisations cérébrales, etc., ont été ébauchées ou implicitement admises bien avant que nous les établissions.

Le plus souvent, les diverses tendances ou théories peuvent être ramenées à deux types généraux (1), qui représentent les tendances ou théories opposées qui alternent — ou entre lesquelles un mouvement alternatif se produit. Il y a alternance entre l'encyclopédisme et le spécialisme, entre la science utile et la science désintéressée, entre l'analyse et la synthèse, entre la construction et la simple collection des matériaux, entre l'imagination et l'observation, entre l'idéalisme et le réalisme, etc. (2).

De l'un à l'autre des deux types opposés, il y a un mouvement alternatif qui se produit. Et, pour chacun

(1) L'existence de deux types généraux opposés et de l'alternance du mouvement conduisant de l'un à l'autre des deux types, se retrouve dans toutes les manifestations de l'esprit humain : dans la philosophie, les arts, la politique, etc.

(2) En même temps que les grands mouvements, qui sont le plus apparents (et qui caractérisent, par exemple, une période de plusieurs siècles), il y a des mouvements de plus faible amplitude, embrassant une durée moindre, et où la même alternance se montre, mais avec moins de force et sans dénaturer le mouvement général ou d'ensemble.

des deux types, il y a un mouvement alternatif de faveur et de défaveur. Chaque type oscille; les deux types alternent.

Connaissant la loi de succession des phases, on peut à chaque moment prévoir la phase suivante, et agir sur la venue de celle-ci. Connaissant la tendance des théories à passer d'un extrême à l'autre, et à faire un grand chemin en zigzag — pour qu'en somme la progression de la science sur l'axe ou la ligne moyenne soit assez lente —, on peut, et doit, tâcher de limiter les pertes de temps, de chemin et d'énergie.

∴

Doute et Croyance

La science progresse plus ou moins suivant que l'attitude d'esprit des chercheurs est plus ou moins favorable, suivant que les penseurs ont plus ou moins tendance à croire qu'ils connaissent déjà la vérité absolue, ou, au contraire, à douter de leurs connaissances actuelles et à chercher les moyens de contrôle qui permettront de réduire le doute.

Nous voyons, dans l'évolution de la science humaine, des périodes de doute et des périodes de croyance.

Le doute peut être celui du pur sceptique (qui dit ne pouvoir s'arrêter à aucune opinion), ou celui de Montaigne (qui se demande si, sur bien des points, il peut s'appuyer sur une croyance, et qui ne résout pas le problème), ou celui de Socrate ou de Descartes (qui, se posant la question, veulent et croient la résoudre, qui, partant du doute, arrivent à l'affirmation).

Le doute scientifique — celui de Descartes, par exemple — est une bonne chose, mais une chose bonne quand elle est adaptée aux besoins et capacités d'un certain esprit, d'un individu donné. Tout remettre en question est un exercice que tous les hommes ne peuvent pas pratiquer, qui dépasse les forces de beaucoup d'entre eux. Et les savants qui, comme Aug. Comte, ont des tendances dogmatiques, tout en proclamant la nécessité du libre examen qui remet tout en question, restreignent dans une mesure plus ou moins large le droit d'en user.

L'esprit scientifique, l'esprit qui fait avancer la science, est opposé à l'esprit d'autorité ou de croyance aveugle. Les grands novateurs, ceux qui ont lutté personnellement ou ont vu lutter les autres contre les préjugés, contre l'autorité d'une parole humaine ou divine (Léonard de Vinci, Galilée, Descartes, Pascal, etc.), ceux-là ont su écrire contre l'autorité des pages pleines de force et de clarté.

Si le droit de tout remettre en question peut être refusé à certains esprits, il doit être accordé à toutes les époques de l'histoire, aux époques futures, en particulier. Il serait bon qu'à des époques déterminées — tous les siècles, par exemple — les savants s'entendissent pour remettre en question tout, ou au moins toutes les théories. (V. *La Méthode dans les Sciences exp.*, p. 334 sq.)

En effet, les théories et les faits ne progressent pas simultanément et parallèlement. A toutes les époques de l'histoire il y a des discordances entre les cadres, qui sont les théories, et les faits à encadrer. D'autre part, certains faits admis comme authentiques parce qu'ils passent pour avoir été observés par tel grand savant, n'ont pas été observés en réalité, sont faux ou inexistants : et l'affirmation de leur existence a été introduite par erreur dans la science.

A chaque moment de l'histoire, une science donnée telle qu'on l'enseigne est un composé de *faits* plus ou moins bien observés et vérifiés (qui sont comme les pierres de l'édifice), et de *théories* plus ou moins bien faites (qui sont comme le ciment qui lie et coordonne). Les faits et les théories enseignés ne sont pas toujours et nécessairement l'expression de la vérité. A côté des faits vraiment connus, il y a des faits qui sont seulement supposés. Et dans le cadre de la théorie, bien des points sont sans fait correspondant, bien des cases sont inoccupées. Le contrôle, la revision et l'examen attentif doivent ne pas être négligés trop longtemps.

Une revision, un contrôle général et périodique des faits, des théories et de l'accord des faits et des théories serait fort utile. Il serait mieux fait et plus facile à faire, si le travail était exécuté par des associations scientifiques compétentes, au lieu d'être essayé, comme on le voit parfois, par des individus isolés.

***

Construction et Matériaux : les Faits

Deux grands courants poussent le monde, deux tendances générales manifestent alternativement leur action dans l'évolution de la science.

Tantôt les esprits se portent vers les grandes conceptions, vers les conceptions de grandes synthèses ou de vastes ensembles : ils veulent construire le monde et l'enfermer dans quelques formules générales. Tantôt, au contraire, les esprits se portent vers l'étude des menus faits, ils évitent de construire des ensembles, réduisant leur souci et leur gloire à la cueillette des faits particuliers (1).

Il est plus facile d'imaginer le monde que de l'observer et de le connaître vraiment. Aussi les âges primitifs, les peuples enfants ou jeunes — et même les individus jeunes d'âge ou d'esprit — aiment-ils mieux construire avec leur imagination qu'observer patiemment. Ils aiment mieux élever des constructions, même fragiles, inconsistantes, sans base, que recueillir des matériaux, même solides.

« Lorsqu'il osa pour la première fois s'abandonner à lui-même, il (l'esprit humain) chercha à deviner le monde et à le construire, au lieu de l'observer. » (Berthelot : *Science et Philosophie*, p. 11.)

Aux périodes où la construction est en faveur, elle sévit avec force ; et les esprits ne manquent pas de pousser jusqu'à l'exagération cette tendance légitime et nécessaire de l'intelligence humaine. L'abus de la tendance constructive finit par être aperçu. On se lasse à la fin de construire des systèmes — vastes et beaux, mais vains —, quand on voit qu'aucun d'eux ne tient, que la poussée des faits observés les renverse tous l'un après l'autre. Et l'on se tourne alors vers les faits, vers les faits en qui réside la force, vers les faits qui jettent bas les théories les plus belles.

A ce moment, l'abus de la construction tend à faire

(1) RENAN, dans son beau livre sur *l'Avenir de la Science*, expose longuement (chapitre XVI) comment « l'esprit humain, dans sa marche, traverse trois états qu'on peut désigner sous les trois noms de syncrétisme, d'analyse, de synthèse ».

Cette vue est semblable, par bien des points, à celle que j'expose ici et un peu plus loin. Pourtant, au lieu de reconnaître l'alternance constante des deux tendances, analytique et synthétique, Renan indique un mouvement en trois temps seulement, synthétique d'abord, analytique ensuite, puis synthétique avec arrêt sur ce temps.

place à l'abus contraire (1) : au lieu de vouloir toujours construire, les esprits refusent de le faire. Et la foule des chercheurs refuse à celui qui pourrait construire — avec des matériaux déjà élaborés — le droit de le faire, le droit d'accomplir dans un domaine restreint la tâche qu'il est apte à remplir.

A ce moment de l'histoire le fait est tout — du moins à ce que croit la foule des esprits —, tandis que, au contraire, en réalité « un fait n'est rien par lui-même, il ne vaut que par l'idée qui s'y rattache et par la preuve qu'il fournit. » (Claude Bernard : *Introduction à l'étude de la Médecine expérimentale*, p. 93.)

Et ces deux tendances ou ces deux actions (recueillir des matériaux solides, et construire solidement avec de bons matériaux), qui sont véritablement complémentaires, paraissent contradictoires aux petits esprits : il semble à ceux-ci que la science ne peut s'attacher qu'à l'une ou à l'autre de ces deux actions. Les grands esprits savent, eux, observer et construire, c'est-à-dire mettre en jeu les deux tendances et en tirer les meilleurs effets possibles. Les premiers parmi les savants possèdent pleinement l' « esprit scientifique » entendu dans le sens large du mot : ils possèdent à la fois les deux parties dont celui-ci est formé, c'est-à-dire l' « esprit scientifique » dans le sens étroit du mot, et l' « esprit philosophique ». Ils unissent ce que certains voudraient toujours séparer : et c'est pour cela qu'ils sont grands.

Bien que à toutes les époques de l'histoire les deux tendances se soient manifestées simultanément chez

(1) Ainsi, l'histoire des sciences nous montre (aussi bien que le fait l'histoire politique) une succession d'abus, bien plutôt qu'un juste équilibre des actions diverses et des tendances. Toute action violente dans un sens amène une réaction violente en sens contraire.

des individus différents, bien qu'on ait rencontré en même temps des constructeurs et des chercheurs de faits, d'orgueilleux architectes et des maçons (orgueilleux aussi à leur manière), chaque époque cependant laisse apparaître plus forte l'une des deux tendances générales. La fin du XIXe siècle et le commencement du XXe, malgré l'apparition contemporaine de synthèses plus ou moins vastes, appartiennent à une époque de glorification du fait et de dédain touchant les théories constructives. Et l'on pouvait dire, en 1867 : « C'est ainsi que l'on a vu souvent l'homme médiocre, qui ne porte d'ombrage à personne et qui s'enferme dans une étroite spécialité, prévaloir sur le savant indépendant et philosophe, qui sait embrasser les rapports des diverses parties de la science. Non seulement l'étendue de l'esprit et l'aptitude à concevoir des vues d'ensemble et des théories générales ont cessé d'être regardées comme des titres aux yeux des sections (de l'Académie des Sciences); mais ces qualités ont été parfois tournées en objections contre les hommes qui briguaient les suffrages de l'Académie » (Berthelot : *Science et Philosophie*, p. 210).

Il est du devoir de ceux qui veulent donner à la science une impulsion et une direction utiles, de favoriser le développement simultané des deux tendances complémentaires, après avoir montré leur accord réalisé dans le véritable « esprit scientifique » complet. L'étude de l'esprit scientifique et de la méthode scientifique contribuera à faire obtenir ce résultat, si l'on s'attache dans l'histoire générale des sciences à montrer à l'œuvre l'esprit scientifique faisant la science. L'histoire générale des sciences permettra, en faisant connaître l'histoire de ce chapitre, d'établir une meilleure organisation de la science.

L'accord des deux tendances caractérisera, je l'espère, le XXe siècle, en attendant qu'on abuse ensuite de la construction scientifique, puis de la pulvérisation — si l'on peut ainsi parler — des matériaux scientifiques. Le mouvement oscillatoire qui conduit d'une position à l'autre s'amortira de plus en plus, mais les deux positions extrêmes seront toujours accusées et distinctes, quoique de plus en plus rapprochées.

.·.

Analyse et Synthèse — Encyclopédisme

Construire la science, c'est faire de la synthèse. Et rechercher les matériaux simples qui sont engagés dans les faits complexes, c'est, en un certain sens, faire de l'analyse. Les tendances générales, synthétique et analytique, que l'on vient de signaler au chapitre précédent, se manifestent encore sous une autre forme que celle qu'on y a montrée : sous cette nouvelle forme elles alternent aussi.

Alors que peu de choses sont connues, le même cerveau peut les contenir toutes, et aussi les confondre, les fondre ensemble dans une synthèse originale.

Les philosophes grecs, par exemple, furent des hommes ou des cerveaux qui connaissaient chacun — ou voulaient connaître — l'ensemble des choses découvertes de leur temps. La spécialisation, qui est une des caractéristiques de notre époque, ne leur était guère connue. Tout ce qui ressortit actuellement aux sciences mathématiques et expérimentales, aussi bien que ce qui ressortit aux sciences morales, aux arts, etc., était de leur domaine. La philosophie était alors la connaissance totale du monde et de l'homme, et de l'action humaine sur le monde et la société.

Avec l'accroissement des connaissances, la spécialisation devint nécessaire, et se produisit en effet. (Elle a même été poussée très loin.) Alors, la science du monde se sépara de celle de l'homme, les sciences morales se séparèrent des sciences mathématiques et expérimentales ; puis, chacun des groupes de sciences se subdivisa à l'extrême. Et un jour vint même (époque actuelle) où il fut extrêmement difficile de saisir dans une vue d'ensemble toutes ces spécialités, toutes ces parties, toute cette impalpable poussière de sciences.

En même temps que les spécialités devenaient de plus en plus nombreuses, les spécialistes devenaient de plus en plus nombreux. Et il devint très difficile de trouver un savant qui ne fût pas un spécialiste (V. : Comte : *Discours sur l'Esprit positif*, p. 124, 125). Et il arriva même alors que le fait de n'être pas spécialiste — ou d'être spécialiste de la « philosophie des sciences » ou des « généralités de la science » — fut reproché à des hommes qui demandaient à s'occuper de sciences générales.

L'amour de la spécialisation fut porté jusqu'à l'extrême partout. « C'est ainsi que l'on a vu souvent l'homme médiocre, qui ne donne d'ombrage à personne et qui s'enferme dans une étroite spécialité, prévaloir (à l'Académie des Sciences) sur le savant indépendant et philosophe, qui sait embrasser les rapports des diverses parties de la science ». (Berthelot.)

L'encyclopédisme doit exister à côté du spécialisme. Il est bon que quelques esprits aient une préparation encyclopédique. Cela est non seulement désirable, mais encore possible, si l'on entend le mot « encyclopédisme » comme je l'indique. (*L'Esprit scientifique et la Méthode scientifique*, p. 56 sq.).

La synthèse dans les faits et la synthèse dans l'esprit humain, les synthèses qui pourraient en un certain sens être dites « subjective » et « objective », existent d'une façon corrélative : la coexistence dans un cerveau humain des connaissances relatives à tout un ensemble de parties correspond, en effet, à la liaison intime ou à la fusion, à la synthèse réelle ou objective des parties. Quand le même cerveau embrasse toutes les sciences, ou tous les arts ou industries, etc., ces sciences ou ces arts, etc., sont dans la réalité peu distincts ou même fusionnés ou confondus.

On observe nettement le fait en particulier dans ce qui touche aux beaux-arts. J'ai développé assez longuement ailleurs (*La Musique des Couleurs et les Musiques de l'avenir,* p. 62 sq.) ce point de vue ou cette vue. Qu'il me suffise ici de rappeler quelques faits.

« Si nous jetons un coup d'œil d'ensemble sur l'évolution des arts rythmiques ou de mouvement (poésie, musique, danse), nous voyons que ces arts ont été primitivement unis, chez les anciens Grecs, par exemple ; puis qu'ils se sont séparés, pour suivre une évolution parallèle ; puis qu'ils se sont rapprochés. Comme si la puissance d'expression fournie par un seul de ces arts n'avait pas été suffisante pour prendre l'homme tout entier, les premiers artistes faisaient concourir la vue et l'ouïe (la vision des mouvements de la danse, et l'audition des sons de la poésie et de la musique) — en même temps que la suggestion fournie par le sens des paroles —, pour éveiller l'émotion que le mouvement produit. Ce concours des arts rythmiques, ou des moyens d'expression de ces arts, correspondait à une phase de synthèse.

« Mais bientôt, chacun de ces arts a développé ses moyens d'expression : chacun d'eux est devenu capable d'éveiller par ses seuls moyens une émotion égale en intensité et en netteté à celle qui ne pouvait être éveillée auparavant que par le concours des arts de la même famille. Alors, ces arts se sont séparés, ils sont devenus autonomes, ils se sont affranchis de leurs liens, ils ont évolué indépendamment les uns des autres, tout en marchant dans des voies parallèles. Et ils ont d'autant plus été portés à se séparer que, par le fait même de leur développement, il devenait plus difficile à un homme donné de connaître suffisamment plusieurs de ces arts. » (*La Musique des Couleurs*, p. 68-69.)

A la synthèse des arts rythmiques a succédé l'analyse. La synthèse reparaît, ébauchée, avec l'opéra; puis, elle s'accentue avec le drame lyrique moderne, dans lequel les différents moyens d'expression sont fusionnés ou tendent à fusionner.

« Si, après avoir jeté un regard sur les arts rythmiques ou du mouvement, nous considérons rapidement ce qui se rapporte aux arts plastiques ou du repos, nous apercevons le même fait d'évolution. L'architecture, la sculpture et la peinture paraissent avoir d'abord été soudées, ou, si l'on préfère, il semble que dans leurs commencements ces arts aient joint constamment leurs moyens d'expression. La sculpture, en particulier, n'était d'abord qu'un auxiliaire de l'architecture : la forme sculptée (reliefs et statues) ne s'est dégagée que lentement du mur ou de la colonne qu'elle ornait. La peinture recouvrait la forme sculptée ou le mur.

« Après la phase de synthèse primitive, est venue la phase d'analyse : alors l'architecture, la sculpture, la peinture, sorties de leur enfance, ont grandi et évolué séparément, chacun de ces arts développant les moyens d'expression qui lui sont propres. Pendant cette dernière phase — qui dure encore —, on voit bien parfois les œuvres d'architecture, de sculpture et de peinture juxtaposées, mais chacune conserve son individualité, il n'y a pas véritablement fusion des moyens d'expression : et, par exemple, on peut toujours dire d'un objet donné si c'est une œuvre de sculpture ou de peinture.

« Il semble que, pour les arts plastiques, s'annonce, d'une façon bien timide encore, une nouvelle phase de synthèse. Quelques essais de fusion de la peinture et de la sculpture ont été tentés d'une façon plus ou moins consciente. »(*La Musique des Couleurs*, p. 71, 72.)

Synthèse et analyse tendent à se succéder régulièrement. L'époque actuelle est encore une période analytique dans son ensemble (pour les beaux-arts, comme pour les sciences, etc.). Si nous prévoyons nettement la période de synthèse qui doit suivre, nous pourrons la vouloir et la préparer. C'est en prévision de cette phase ou période que j'ai voulu préparer sa venue, en instituant un art nouveau — la Musique des Couleurs —. Cet art est une synthèse voulue des arts rythmiques ou du mouvement et des arts visuels de la forme ou de la couleur.

Il y a lieu de rechercher dans quelle mesure les tendances synthétique et analytique qu'on observe dans l'évolution des langues sont contemporaines et peuvent être comparées aux tendances de même nom observées dans les autres domaines.

D'une façon générale, l'histoire épouse la destinée des objets qu'elle étudie. L'histoire de la philosophie, quand elle se rapporte au temps où la philosophie était la connaissance humaine tout entière, embrasse l'histoire des sciences aussi bien ou en même temps que l'histoire de ce qu'on nomme aujourd'hui la philosophie. Les deux histoires (de la philosophie, et des sciences) ne peuvent alors être séparées : elles se pénètrent et se confondent.

Quand la séparation des disciplines se fait, les histoires de ces disciplines se séparent : on peut alors étudier séparément les sciences, telle ou telle science, et la philosophie, telle ou telle partie de la philosophie. Cependant, au-dessus de ces histoires spéciales, demeure et règne l'Histoire générale des Sciences ou de la connaissance, l'histoire des progrès de l'esprit humain.

Plus la spécialisation sera poussée loin, plus les spécialités seront nombreuses et nombreuses les histoires des spécialités, plus deviendra importante l'Histoire générale et philosophique des Sciences, qui touche de si près à la Philosophie des Sciences proprement dite. « Plus la science pénètre dans le détail infini des choses, plus sont nécessaires les points de repère et les vues d'ensemble. Le spécialisme exclusif est une meule qui pulvérise les idées. Il lui faut un correctif, les conceptions générales. » (Liard : *Pages éparses*, p. 192.)

***

L'Unité dans la Nature et dans la Science

La science est, en somme, la représentation et l'explication du monde : elle dérive d'un besoin, du besoin de comprendre ou d'expliquer.

L'homme cherche à comprendre la nature. Pour comprendre, il faut qu'il ramène ce qu'il ignore à ce qu'il connait, qu'il ramène le tout — ou presque tout — qu'il ignore au peu qu'il connait, il faut qu'il ramène tout à l'unité.

Cette tendance à tout ramener à l'unité vient de ce que la nature est probablement une en réalité. « L'univers, pour qui saurait l'embrasser d'un seul point de vue, ne serait, s'il est permis de le dire, qu'un fait unique et une grande vérité » (D'Alembert). Mais, la nature ne serait-elle pas réellement une et les lois naturelles ne seraient-elles pas réellement simples, l'esprit humain aurait quand même tendance à tout ramener à l'unité — l'intelligibilité n'étant possible qu'à ce prix —. « Ceux qui ne croient pas que les lois naturelles doivent être simples, sont encore obligés souvent de faire comme s'ils le croyaient. Ils ne pourraient se soustraire entièrement à cette nécessité sans rendre impossible toute généralisation et par conséquent toute science. » (Poincaré : *La Science et l'Hypothèse*, p. 173.)

La tendance à tout ramener à l'unité, qui a toujours existé (1), a été montrée et étudiée longuement, en particulier par les savants et les philosophes contemporains. Aussi ne dirai-je ici que peu de choses sur ce sujet.

Si, comme Descartes, on admet d'abord (au moins pour l'intelligibilité des phénomènes) que tout peut se ramener au phénomène mécanique, il reste à le prouver ou à le montrer. Si l'on a montré que les phénomènes physico-chimiques de la matière morte ou inorganisée se laissent ramener à des phénomènes mécaniques (2), il faut encore montrer que

---

(1) Cette tendance peut se manifester sous deux formes différentes : une forme consciente et voulue, et une forme inconsciente et involontaire.

Sous la première forme, elle a toujours existé à un degré élevé chez les meilleurs esprits. Sous la seconde, forme naïve et inconsciente, qui se trouve chez les esprits moyens, cette tendance à l'unification a subi des oscillations, des hauts et des bas : et parfois la tendance contraire a été plus apparente qu'elle-même.

(2) La chimie tend à devenir une mécanique (mécanique chimique), en utilisant la thermochimie. « Par une telle évolution, la chimie tend à sortir de l'ordre des sciences descriptives, pour rattacher ses principes et ses problèmes à ceux des sciences purement

les phénomènes de la matière vivante se prêtent à la même interprétation. Faire admettre la chose est relativement facile, lorsqu'il s'agit des phénomènes de nutrition et de relation (1); c'est plus difficile, lorsqu'il s'agit des phénomènes de reproduction. Il y a quelques années j'ai essayé de montrer, en me basant sur les faits déjà connus — qu'il fallait interpréter —, que la fécondation n'est pas un phénomène mystérieux et *sui generis*, mais, au contraire, qu'elle n'est pas autre chose qu'un phénomène de nutrition, un phénomène physico-chimique *(La Méthode dans les Sciences expér.*, p. 89 à 121). Les expériences actuelles de fécondation artificielle fournissent un appui de jour en jour plus ferme à la théorie.

* * *

Fantaisie et Science

L'Histoire générale des Sciences nous montre comment l'esprit humain a évolué, quelles attitudes il a prises successivement en face de la nature ou des objets qu'il fallait étudier.

L'incertitude nous déplait : nous voulons toujours

---

physiques et mécaniques. Elle se rapproche ainsi de plus en plus de cette conception idéale, poursuivie depuis tant d'années par les efforts des savants et des philosophes, et dans laquelle toutes les spéculations et toutes les découvertes concourent vers l'unité de la loi universelle des mouvements et des forces naturelles ». (BERTHELOT : *Science et Philosophie*, p. 103.)

(1) Les mouvements dits spontanés que présentent les êtres vivants sont semblables à ceux des êtres ou corps non vivants. Les phénomènes auxquels il faut les comparer sont ceux qui concernent le déclic, l'embrayage, l'enclenchement et le déclenchement, les accumulateurs, la décharge, les explosifs, l'amorce, etc. (V. *L'Organisation de la Science*, p. 4, 105 sq., 203 sq., 229 sq.).

connaître les choses, avoir une opinion fixée dans tel ou tel sens. Et quand nous ne pouvons vraiment connaître par expérience ou par déduction, nous imaginons, nous imaginons connaître. L'imagination anticipe toujours sur l'expérience : et quand la science ou la méthode scientifique n'est pas assez avancée pour que le contrôle de l'hypothèse imaginée puisse être fait, l'imagination reste seule maîtresse.

« Lorsqu'il osa pour la première fois s'abandonner à lui-même, il (l'esprit humain) chercha à deviner le monde et à le construire, au lieu de l'observer » (Berthelot : *Science et Philosophie*, p. 11). Et tout corps de doctrine ou de science portant sur un point donné a toujours été précédé d'un ensemble de choses imaginées, mais non vérifiées, sur le même point. Toute science d'un objet a été précédée d'imaginations qui prétendaient donner la connaissance de l'objet : avant la science, il y a eu la fantaisie.

D'autre part, avant de pouvoir connaître et mesurer la puissance de l'homme, on a voulu agir et agir puissamment. Poussé par le besoin et l'instinct, on a alors admis des pouvoirs divers et plus ou moins occultes (pouvoirs divins, pouvoirs des fées, pouvoirs des hommes associés aux dieux ou au diable ou aux fées, pouvoir des talismans, pouvoir des mots et incantations, etc.), pouvoirs dont on ne savait pas vérifier ou contrôler l'existence, et dont on prétendait se rendre maître dans une certaine mesure. Avant que le pouvoir humain pût être mesuré, il y eut donc des pratiques fantaisistes (de magie, etc.) destinées à produire tel ou tel résultat.

Fantaisie dans la connaissance et fantaisie dans l'action se tiennent.

Cette anticipation de l'imagination sur la science méthodique a donné : l'astrologie précédant l'astronomie, l'étude du pouvoir occulte des nombres précédant la science développée de l'arithmétique ou du calcul, l'alchimie précédant la chimie, le magnétisme animal ancien précédant le magnétisme et l'hypnotisme actuels, etc.

Pour ce qui touche les problèmes chimiques, par exemple, on voit que dès les premiers jours de la civilisation l'homme en a eu le sentiment confus, et il les a conçus sous des formules imparfaites, d'où la science actuelle devait se dégager. « Il poursuivait un double résultat : d'une part, la toute-puissance de transformation sur la nature minérale, c'est-à-dire la pierre philosophale, la transmutation des métaux, l'art de faire de l'or, comme on disait déjà du temps des Romains ; d'autre part, la toute-puissance de transformation sur la matière animée, exprimée par ces formules étranges : fabrication des êtres vivants, élixir de longue vie, c'est-à-dire art de se rendre immortel » (Berthelot : *Science et Philosophie*, p. 69).

L'Histoire générale des Sciences nous montre ainsi que, à la base ou à l'origine, au berceau de toutes les sciences actuellement constituées, c'est l'empirisme, la fantaisie et aussi le charlatanisme qui ont régné. Il est à croire, par suite, que toutes les sciences qui se constitueront un jour sont à l'heure actuelle dans le domaine de l'empirisme, de la fantaisie et du charlatanisme. Et cela nous porte à penser que, là où nous voyons régner l'empirisme, la fantaisie et le charlatanisme, il y a peut-être le germe d'une science à faire. Et, comme c'est la fonction de l'homme de science de faire sortir du germe la vérité ou la science qui y est contenue, il n'y a pas lieu de nous étonner que de véritables hommes de science veuillent bien étudier des sujets qui étaient jusqu'à présent restés dans le domaine des empiristes, des fantaisistes et des charlatans.

Rejeter actuellement l'étude de ce qui amuse les

fantaisistes et les ignorants, c'est chose facile, mais ce n'est pas chose scientifique. Il n'est pas plus scientifique de faire cela qu'il ne l'aurait été, il y a quelques siècles, de rejeter l'étude des transformations de la matière, sous le prétexte que c'étaient des fantaisistes (les alchimistes) qui s'en occupaient alors. (V. : *La Méthode dans les Sciences expér.*, p. 312 sq.).

Quand un sujet est aux mains des charlatans, les savants officiels ont d'ordinaire peur, pendant un temps, de l'aborder : ils ont peur de perdre leur temps et aussi leur réputation. Ici, comme ailleurs, la peur est mauvaise conseillère.

Plus le sujet est difficile, plus l'empirisme a régné longtemps, plus les chances d'erreur sont grandes, plus aussi il importe que les hommes qui abordent le sujet soient de vrais savants, connaissant la méthode scientifique, sachant comment on repousse l'erreur et saisit la vérité. Et ce sont de vrais savants, en petit nombre, qui essayent maintenant de pénétrer dans le domaine des phénomènes dits « psychiques », avec l'espoir d'en expulser les fantaisistes : ils espèrent rejeter l'erreur qui semble être largement répandue dans ce domaine, et recueillir, s'il existe, le grain de vérité (semblable au grain de vérité que le chimiste peut trouver dans l'alchimie) qui, après germination et développement, pourra donner un jour une véritable science positive et naturelle. L'Institut général psychologique s'occupe de débrouiller le chaos où les petits esprits se perdent ou se noient : les savants qui sont à la tête du groupe d'études des Phénomènes psychiques (1) sont capables d'accomplir bien une œuvre extrêmement difficile.

---

(1) C'est une excellente tactique que celle qui a consisté, pour l'Institut, à encadrer ce groupe d'un certain nombre d'autres groupes (de Psychologie zoologique, de Psychologie morale et criminelle, etc), qui abordent l'étude de sciences déjà établies ou plus

Anthropocentrisme et Anthropomorphisme

En face du monde, l'attitude de l'homme est simple d'ordinaire : il ramène tout à soi, il se met au centre du monde, au centre de tout. Sa personne est ce qui importe au monde, son pays est le point central de la terre et de l'univers, son temps est le temps ou l'époque typique et terminale du progrès humain. Ce qui est « nous » et ce qui est « nôtre » est le tout du monde.

La tendance que nous avons à tout ramener à nous (chose injuste), après avoir considéré tout par rapport à nous (chose juste et nécessaire), se trouve chez chacun de nous, pousse chacun de nous. Mais elle pousse avec plus de force les uns que les autres : elle nous pousse d'autant plus que nous sommes plus ignorants en général et, en particulier, plus ignorants de l'existence de cette tendance. Quand nous connaissons l'action de cette tendance, nous pouvons réagir contre elle, et ne pas nous laisser entraîner au-delà des limites raisonnables. Il importe donc de montrer la tendance, et de rendre conscient pour nous ce qui agissait inconsciemment ou sans éveiller notre conscience.

L'anthropocentrisme peut prendre bien des formes différentes. Certaines de ces formes ont été étudiées (1); d'autres n'ont pas encore été mises en lumière.

---

faciles à établir et dans lesquelles les moyens adaptés de contrôle scientifique sont déjà mieux assurés. Dans le cas — improbable — où la prudence scientifique tendrait à abandonner certains chercheurs plus ou moins dissidents trop pressés de conclure ou d'affirmer, l'ensemble des groupes, par son inertie, jouerait le rôle de régulateur automatique ramenant le mouvement dans la juste mesure.

(1) « L'anthropomorphisme a joué un rôle historique considérable dans la genèse de la mécanique ». (POINCARÉ : *La Science et l'Hypothèse*, p. 130).

L'homme ramène tout à lui, au type humain. Les dieux qu'il fait sont des hommes : les dieux des païens, par exemple, ont toutes les facultés et toutes les passions des hommes. Le Dieu des chrétiens et des juifs crée le monde pour l'homme, et, après avoir fait l'homme, il s'arrête. Le ciel et tous les astres tournent autour de la terre; et, sur la terre, c'est la partie que j'habite qui est au centre de toutes les autres. J'habite — au XVe siècle — l'Ancien Continent, et tout se ramène là, tout tient là pour moi : et je ne puis croire qu'il y ait autre chose, et je dis que Christophe Colomb est fou. J'habite un pays où les coutumes sont telles, où la civilisation est telle; et je n'admets pas que des gens puissent avoir d'autres coutumes et mériter pourtant le titre de gens civilisés : il n'y a d'autre civilisation que la mienne.

L'époque à laquelle je vis, à laquelle chacun de nous vit, paraît être l'époque caractéristique : la forme de civilisation du temps où nous vivons paraît la forme typique et définitive. Les tendances que nous observons dans la science actuelle (de même que dans les arts, dans les industries, dans la politique, etc.) nous paraissent les tendances typiques de la science, de la science de tous les temps, celles sans lesquelles le progrès ne peut se faire, celles qui persisteront toujours, en se développant de plus en plus.

Si, par exemple, le spécialisme sévit avec force à notre époque, nous croyons que rien ne peut exister et n'existera sans lui, et que — notre époque étant le type définitif des époques vraiment scientifiques — rien ne sera jamais produit de sérieux en dehors du spécialisme. Et nous ne voyons pas l'alternance et l'oscillation des tendances complémentaires : nous ne voyons qu'une partie du tableau et nous croyons que c'est tout ; nous ne voyons pas le cours de l'histoire se poursuivre, nous le croyons arrêté, arrêté à nous.

A notre époque, nous recueillons des matériaux; et il nous semble que le tout de la science, c'est de recueillir des matériaux : et nous refusons de construire et de laisser construire.

Nous voyons le monde petit actuellement : connaissant quelques lois, nous avons tendance à croire que tout tient là, que ces lois connues ne pourront jamais être contrebalancées par d'autres lois à découvrir; et nous interdisons aux chercheurs de pénétrer dans les domaines obscurs occupés encore par les charlatans. (Nous croyons la science faite : nous ne voyons pas qu'elle est à faire et que l'époque où nous vivons est toujours, pour l'ensemble des phénomènes naturels, l'époque de Christophe Colomb et de Galilée, ces chercheurs fous ou paradoxaux.) Le stade auquel nous sommes parvenus, notre stade, nous paraît être le stade définitif de l'évolution humaine. Il semble que l'évolution doive s'arrêter à nous.

Au lieu de nous considérer en tout comme un accident, un point sur une route, un terme de passage, une chose qui passe, nous voulons être ce qui demeure, ce qui est nécessaire, ce qui caractérise et termine la marche de l'histoire. Cette tendance, une fois bien connue, pourra être combattue efficacement.

Rapportant tout à nous, à notre espèce, à notre individu, à notre pays et à notre temps, nous ne voyons pas le progrès se faire suivant une ligne sinueuse qui s'éloigne parfois de nous ou de ce qui résulte actuellement de la forme ou de la tendance de notre esprit. Pour ce qui touche à la science, en particulier, la forme actuelle nous paraît la forme définitive, la phase que nous traversons, la phase définitive : nous ne prévoyons pas le retour, retour provisoire, à une autre forme. Et de grands esprits qui ont su rejeter suffisamment les autres formes d'anthropocentrisme, n'ont pu encore se défaire complètement de celle-là : Aug. Comte paraît être de ces esprits.

En politique, où l'évolution oscillatoire est très apparente et où personne ne peut ne pas la voir, l'anthropocentrisme ne perd pas tous ses droits. Voyant nettement que les tendances politiques changent avec les époques, qu'elles ont toujours alterné, l'anthropocentrisme ne peut considérer la phase actuelle comme la phase définitive, la phase typique de l'évolution. Alors, pour ramener tout à nous-même, pour faire de notre temps l'époque typique ou importante pour l'évolution historique, nous sommes amenés à dire que notre époque est importante, non pas parce que l'état actuel se maintiendra toujours, mais parce que la tendance actuelle — celle que manifeste notre temps et que nous manifestons nous-même — va produire des effets considérables, tels qu'il y en a eu peu de semblables dans l'histoire. « Nous sommes à un tournant de l'histoire », dit-on volontiers dans tous les temps. Nous croyons toujours être à un tournant de l'histoire, parce que nous voulons toujours faire tourner l'histoire autour de nous, autour de notre individu, de notre nation, de notre pays et de notre temps.

⁂

La Méthode

L'Histoire générale des Sciences coïncide sensiblement avec l'histoire de ce qu'il y a de commun à toutes les sciences, c'est-à-dire avec l'histoire de l'Esprit scientifique ou de la Méthode scientifique.

Or, l'ensemble de la « Méthode de recherche » peut être réparti dans les sections suivantes :

1° Questions à poser;
2° Manière de poser les questions;
3° Manière d'observer les faits;
4° Manière d'imaginer les hypothèses explicatives;
5° Manière d'expérimenter ou vérifier;
6° Manière de tirer les conclusions.

L'Histoire générale des Sciences doit donc exposer l'histoire des efforts faits et des résultats obtenus touchant ces diverses parties de la méthode.

Aug. Comte a étudié la partie de l'histoire de la méthode qui se rapporte à la 4e section, c'est-à-dire à la manière d'imaginer les hypothèses explicatives ou les théories. Et il a énoncé (après d'autres auteurs, qu'il cite lui-même) et commenté longuement une loi — à la fois phylogénétique et ontogénétique, pourrait-on dire — du développement des idées. Elle a été nommée « loi des trois états ».

« Intégralement conçue, la loi fondamentale de l'évolution intellectuelle consiste dans le passage nécessaire de toutes les théories humaines par trois états successifs. Le premier, théologique ou fictif, est toujours provisoire; le second, métaphysique ou abstrait, purement transitoire; et le troisième, positif ou scientifique, est seul définitif » (A. Comte : *Traité de Politique positive*, t, III, ch. I, p. 28).

Dans le premier état — état théologique —, la théorie que l'homme émet, l'hypothèse qu'il imagine pour expliquer les faits consiste à attribuer leur production aux dieux ou à des actions divines.

Dans le deuxième état — état métaphysique —, la théorie consiste à expliquer les faits par l'action d'entités métaphysiques.

Dans le troisième état — état scientifique —, la théorie consiste à expliquer les faits par l'action des lois naturelles agissant dans des conditions déterminées.

La succession de ces trois états dans les générations humaines — et aussi dans l'esprit de chaque individu humain — est réelle et facile à observer, si l'on consent à considérer les choses de haut ou en gros. Si l'on veut descendre jusqu'au détail et considérer les plus petits mouvements de la pensée humaine, on rencontre des exceptions importantes, dont il faut tenir un compte suffisant.

En somme, il me paraît que cette loi — ou ce fait général — mérite d'être conservée dans l'Histoire générale de la Science (bien qu'elle ignore le mouvement oscillatoire ramenant du troisième état au premier). Mais il me paraît impossible d'admettre qu'elle soit le tout de cette science, ni même qu'elle soit la base sur laquelle tout repose dans cette science. En réalité, l'Histoire générale des Sciences n'est pas faite encore; et même sa base n'est pas encore sûrement établie. Il reste aux chercheurs à fixer les bases, et à construire ou édifier cette importante science générale.

⁂

Révolutions dans la Méthode

L'Histoire des Sciences montre et marque les caractères des époques de la pensée humaine.

Les grandes époques de la science — celles où il semble qu'une révolution ou un grand progrès se soit fait dans la pensée humaine — correspondent chacune à une révolution dans la méthode, sont contemporaines et dépendantes d'une révolution dans la méthode. Et les noms les plus marquants à la fois et les plus « représentatifs » de l'époque sont ceux des penseurs qui ont apporté quelque chose de nouveau dans la méthode (1).

Socrate « fit descendre la philosophie du ciel sur la terre », en faisant passer le courant de la recherche du domaine de la nature au domaine de l'homme. Mais, en même temps qu'il dirigeait ainsi la pensée humaine vers un nouvel objet, les sciences morales, il le fit en employant une nouvelle méthode, l'observation. Il apprit aux hommes (qui jusque-là aimaient mieux construire des systèmes, beaux mais fragiles — parce qu'ils manquaient de base positive), il apprit aux hommes à douter d'abord des choses qu'ils ignoraient (ce qui est le commencement et le fond de la science), puis à oberver autour d'eux et en eux-mêmes les faits dont on aurait à tirer des conclusions, à les analyser, puis à conclure, en « accouchant » leur propre esprit des idées qui y étaient contenues en germe.

Aristote, entre autres choses, étendit aux sciences positives du monde l'observation que Socrate avait appliquée aux sciences morales.

La Renaissance réinventa l'observation abandonnée — ou négligée — pendant le moyen-âge (1). Les sa-

---

(1) L'histoire, quand elle est sérieusement faite, nous montre que toujours les grands révolutionnaires de la science ont eu des précurseurs : toujours de petits savants sont venus d'abord, qui ont fait ou dit avant les grands ce que ceux-ci passent pour avoir apporté de nouveau.

Si donc je ne cite ici que les grands noms, en négligeant les précurseurs, c'est simplement pour abréger l'exposé.

(1) A toutes les époques de l'histoire, il y eut des individus qui pratiquèrent les divers procédés de la méthode (l'observation, en particulier). Mais, suivant les époques, ils le firent avec plus ou moins de bonheur et ils furent plus ou moins nombreux à le faire. L'Histoire générale des Sciences ou de l'esprit humain s'appliquant à montrer surtout le sens des grands courants, à esquisser le tableau des grands mouvements, on peut dans cette large esquisse omettre les petites agitations qui n'ont pas imprimé une direction d'ensemble à la pensée humaine.

Le moyen-âge fut comme une période de nuit dans l'évolution

vants et penseurs de la Renaissance furent des observateurs, qui portèrent dans les sciences positives (sciences proprement scientifiques et sciences littéraires, philologiques et morales) et dans tous les domaines (religieux et autres) le souci d'observer les faits avant de conclure. Qu'ils soient théoriciens ou praticiens de la science, l'observation fut leur arme et leur souci : ils observèrent dans le grand livre du monde, au lieu de regarder seulement dans les livres des hommes ; ils exaltèrent l'autorité des faits, en rejetant celle des hommes ou des écrits. Le libre examen, l'observation et l'étude directe — et indépendante — des faits et des textes, fut ce qui caractérisa la Renaissance dans le domaine de la pensée. Christophe Colomb, Léonard de Vinci, Bernard Palissy, Montaigne, Bacon, Galilée — pour ne citer que peu de noms — furent des pratiquants ou des partisans et théoriciens de l'observation des faits scientifiques et de leur examen fait librement, c'est-à-dire sans égard pour l'autorité. Luther et les chefs de la Réforme furent des observateurs, qui voulurent examiner librement les faits et les idées de la religion et en tirer les conclusions que la raison leur indiquait.

Le libre examen suppose le doute préalable, le doute qui semble admettre que la science n'est pas faite et qu'elle est, par conséquent, à faire, que les livres déjà écrits ne disent pas tout, et que ce que les livres (scientifiques ou religieux) disent peut être interprété de plusieurs manières différentes. Le libre examen et le doute scientifique sont chose importante

---

de la pensée humaine. Mais la nuit ne fut pas absolue — comme une étude superficielle pourrait le faire croire — : elle fut seulement relative. Les précurseurs et les germes de la pensée moderne se trouvent parfois, souvent même, dans le moyen-âge ou chez les penseurs de cette époque.

dans la méthode scientifique : les établir, c'est servir la méthode.

Descartes rénova la méthode en l'orientant surtout vers la construction (1). S'il fit des observations et des expériences, et si plus d'un de ses préceptes s'applique à l'observation et à l'expérience et à l'induction, son effort porta surtout sur les procédés déductifs et les résultats qu'ils fournissent.

Pour ce qui concerne le doute, il ne fit que le codifier. Descartes fut dans le domaine du doute le continuateur de la Renaissance, et non le premier inventeur.

Quant à Aug. Comte — qui prétendait lui aussi être un chef d'école —, il apporta quelque chose de nouveau, de relativement nouveau, dans la méthode.

Si l'on considère (comme je le fais ailleurs) que les grandes sections de la méthode peuvent être intitulées : 1° questions à poser, 2° manière de poser les questions, 3° manière d'observer les faits, 4° manière d'imaginer les hypothèses, 5° manière d'expérimenter, 6° manière de tirer les conclusions, on peut dire que l'apport d'Auguste Comte se rattache aux première et quatrième sections. En effet, la méthode positive de cet auteur demande qu'on ne pose que certaines questions (questions de fait vérifiable et de loi), et qu'on n'admette comme hypothèse explicative que

(1) Descartes voulut construire, construire un système où tout se tenait, et où le lien rattachant toutes les parties était constitué par la méthode. La construction ou synthèse et la méthode se tiennent dans son système.

Il est d'autres exemples à citer pour montrer qu'une révolution dans la connaissance peut être obtenue par la méthode conduisant à la synthèse, à la synthèse envisagée sous l'une quelconque de ses formes (synthèse subjective ou synthèse objective), même sous une forme très différente de la synthèse subjective de Descartes. Ainsi, la synthèse objective introduite en chimie, en même temps qu'elle fut une révolution dans la méthode, apporta une révolution dans la science chimique.

des faits et des lois positives, en excluant les pouvoirs divins et les suppositions invérifiables.

Aug. Comte ne prétend pas avoir inventé seul ce qu'il appelle « l'esprit positif » (il cite lui-même ceux de ses précurseurs qu'il connaît). Ce qu'il apporte est plutôt une codification nouvelle — et importante — qu'une invention de chose absolument nouvelle.

Une révolution reste à accomplir dans la science et dans la méthode — et par la méthode —, une étape importante reste à parcourir. Cette étape est celle de « l'Organisation de la Science », ou de la Science organisée succédant à la Science inorganisée ou amorphe. C'est la tâche qui revient aux savants contemporains de préparer d'abord cette organisation, puis d'y procéder, en utilisant premièrement tout ce que les premiers savants ont dit ou pratiqué en fait de méthode, en utilisant ensuite les pensées nouvelles qui peuvent surgir touchant cet objet. Il faut, pour le progrès de la science humaine, s'occuper d'ouvrir l'ère des Méthodes et de l'Organisation de la Science.

« Qu'est-ce que organiser la science, ou donner une organisation à la science? C'est constituer la science en coordonnant ses parties de manière à produire le résultat cherché (qui est de faire que l'homme sache beaucoup et sache bien).

« La science se présente à nous sous trois aspects différents : la science faite, la science qui se fait, la science qu'on enseigne. Par suite, l'organisation de la science peut être considérée sous trois aspects : l'organisation de la science faite, l'organisation dans la confection de la science ou dans la recherche scientifique, et l'organisation dans l'enseignement ou de l'enseignement.

« Qu'il s'agisse de science faite, de recherche scientifique, ou d'enseignement, c'est toujours le travail de l'homme qui intervient pour produire l'objet dont l'homme s'occupe ; et, toujours, on doit prendre soin d'établir l'organisation du travail. » *(L'Organisation de la Science*, p. VII.)

« Pour que la science — ou le savoir humain en général — remplisse le mieux possible sa fonction, il faut que cette science, vue sous ses trois faces (science faite, recherche scientifique, et enseignement) soit bien organisée, c'est-à-dire faite d'éléments aussi bons que possible, aussi bien fixés que possible, surtout ceux de la base, aussi nombreux que possible (afin qu'il n'y ait pas de vide compromettant la solidité de l'ensemble), et aussi bien coordonnés que possible, chacun étant mis exactement à la place qui lui convient et se trouvant bien lié aux voisins. Il faut aussi que le travail de ceux qui s'occupent de la science envisagée sous ses trois faces, soit bien organisé, c'est-à-dire combiné de telle sorte que, avec des éléments donnés, l'ensemble du travail produise des effets maxima, ou ait un *rendement* maximum : et pour cela, il faut établir des liens entre les travailleurs (comme on en aura établi entre les parties de la science), donner une direction d'ensemble au travail, établir la division du travail, et la coopération qui résultera de l'entente. Là où maintenant on voit l'isolement réel des travailleurs et des travaux juxtaposés, il faut établir la solidarité des travaux, ainsi que la solidarité des travailleurs et la combinaison des efforts. La foule des travailleurs est une foule d'isolés, faite d'éléments voisins mais sans liens : il faut mettre entre eux le lien d'une pensée commune. » (*L'Organisation de la Science*, p. XXXIX.)

Le Vrai et l'Utile

L'Histoire de la Science s'occupe non seulement de l'attitude générale de l'esprit en face des objets à étudier, mais encore de ces objets même — ainsi que des résultats obtenus dans la recherche.

L'objet de la recherche varie avec l'époque considérée. L'histoire nous montre l'alternance de deux tendances générales. Tantôt on a tendance à rechercher l'utile; et la faveur publique va à ceux qui se livrent à cette recherche. Tantôt on a tendance à rechercher seulement le vrai — ou, d'une façon plus générale, l'inutile.

Aux premières époques de l'histoire, l'homme recherche exclusivement ce qui peut lui être utile, ce qui peut l'aider à entretenir la vie et la santé de son corps (1). La curiosité pour le vrai, le culte désintéressé de la vérité — de la vérité inutile, inutile à la satisfaction des besoins matériels — ne vient qu'après. Aux premières époques ce sont seulement quelques hommes, plus intelligents et meilleurs que les autres, qui s'attachent à la recherche de la vérité, à l'œuvre de la science; mais, à mesure que le temps marche et que la recherche se poursuit, on passe de plus en plus de l'utile au vrai qui est inutile directement, et aussi du concret à l'abstrait. La science abstraite naît alors. (Dans l'Occident, elle naît — ou, plus exactement, s'établit — vers l'époque de Thalès.)

Alors, il semble de plus en plus à la foule que ce qui caractérise le mieux l'intelligence et la valeur

(1) Prométhée dérobant le feu du ciel pour l'utilité de l'homme, est un symbole qui traduit ou exprime les tendances utilitaires de ceux qui ont créé le mythe.

d'un homme, c'est la tendance qu'il a à s'occuper de choses inutiles directement et aussi abstraites que possible. Le culte de la science inutile, de « la science pour la science » (corrélatif et d'ordinaire contemporain du culte de « l'art pour l'art »), de la science pure et abstraite se développe, tandis que la science appliquée, peu goûtée, reste à peu près stationnaire. La faveur publique va à ceux qui font de la science pure. Et quelques petits penseurs (ce sont toujours ceux-là qui exagèrent les tendances et les actions en provenant) en arrivent à opposer nettement — dans leur esprit, sinon en paroles — la science appliquée à la science pure, et à mépriser ou dédaigner les arts utiles et la science appliquée, que, pour un peu, ils nommeraient volontiers « la science impure ».

Les grands esprits, ceux qui ont marqué le plus fortement leur empreinte dans la science ou l'histoire de la pensée humaine, sont ceux qui ont su manifester et utiliser les deux tendances, ceux qui ont su voir qu'elles étaient non pas contradictoires, mais pour ainsi dire complémentaires.

Socrate, qui rechercha le vrai — surtout dans le domaine des sciences de l'homme —, rechercha aussi l'utile. Il voulut que les idées acquises servissent au perfectionnement physique ou matériel, et intellectuel et moral du citoyen et de la société.

Descartes, qui rechercha le vrai — et fit avancer considérablement la science abstraite —, voulut aussi être utile au perfectionnement physique, aussi bien qu'intellectuel et moral, de l'homme. Il a écrit : « J'ai résolu de n'employer le temps qui me reste à vivre à autre chose qu'à tâcher d'acquérir quelque connaissance de la nature, qui soit telle qu'on en puisse tirer des règles pour la médecine, plus assurées que celles qu'on a eues jusqu'à présent ». (*Discours sur la Méthode*, 6e partie).

Leibnitz aussi voulut être utile à l'homme, agir sur l'homme physique, intellectuel et moral, et contribuer à le rendre meilleur en tout.

Aug. Comte visa expressément l'utilité et l'application, quand il se donna pour tâche de fonder une politique positive basée sur l'étude scientifique des sociétés (celle-ci fondée elle-même sur l'étude scientifique du monde et de l'homme).

Actuellement, les applications visant l'utilité sont de plus en plus nombreuses, et en particulier les applications industrielles, celles qui visent l'utilité que les objets matériels peuvent posséder. Mais il paraît encore, à bien des gens, moins noble de s'occuper de sciences appliquées ou utiles que de s'occuper de science pure. Et, même lorsque le savant qui s'occupe d'applications ne recherche aucun bénéfice pécuniaire personnel dans les études faites, ses recherches industrielles, ou agricoles, etc., paraissent encore, à quelques esprits, de moindre valeur que ses recherches de science pure.

Mais de notre temps, comme toujours, les esprits les plus avancés ne se laissent pas arrêter par les barrières étroites que d'autres hommes ont posées. Ils recherchent l'application possible des découvertes scientifiques à la satisfaction des besoins de l'homme, des besoins physiques (nutrition, santé, etc.), intellectuels (science, découverte, méthode pour découvrir), esthétiques et moraux. Ils veulent que l'homme soit meilleur et plus fort ou plus puissant, non seulement dans les choses de la science, mais encore dans les choses de la vie courante, non seulement pour lui-même, mais encore pour la société : ils veulent que l'homme s'approche toujours plus — quoiqu'il ne puisse jamais l'atteindre — de l'idéal de perfection qu'ils voient ou rêvent.

La Médecine et l'Agriculture

Dans l'étude de l'évolution de la science, on remarque des voisinages et des parentés, on voit que certains objets ont été étudiés en même temps et de la même manière.

L'agriculture et la médecine, par exemple, sont deux sœurs qui ont toujours vécu l'une près de l'autre et ont progressé parallèlement — la médecine paraissant marcher devant, d'ordinaire.

La médecine et l'agriculture sont nées avec les premiers besoins — les premiers en date — que l'homme a éprouvés. Le corps est ce à quoi l'homme a songé d'abord : « il faut vivre, avant de philosopher », il faut donner au corps la nourriture, les vêtements et les soins d'hygiène qui préviennent les maladies, et les soins médicaux qui repoussent les maux déjà venus.

L'agriculture et la médecine recherchent l'utile, qu'elles atteindront au moyen de la connaissance du vrai.

Médecine et agriculture ont été d'abord l'affaire (directe ou indirecte) des prêtres, l'affaire de ceux qui savent obtenir de la divinité — soit par des cadeaux, soit par des paroles, soit par des gestes appropriés — les effets qu'on désire. Hippocrate tira la médecine du temple, l'arracha des mains des prêtres. (Et pourtant, après vingt-trois siècles on voit encore que des prières publiques — des paroles appropriées — sont dites pour repousser les fléaux ou les contagions.) L'agriculture, qui a toujours été cultivée par le simple mortel, semble n'être plus en rien chez nous l'affaire de ceux qui ont des rapports directs avec la divinité. (Pourtant, à l'heure actuelle, des prières sont dites parfois pour faire croître les végétaux ou faire tomber l'eau du ciel, des bénédictions sont données pour préserver les récoltes.)

L'agriculture et la médecine sont sœurs, présentent les mêmes formes. Comme la médecine, l'agriculture est — ou comprend — à la fois une science et un art : il y a une science médicale comme une science agricole, et un art médical comme un art agricole : il y a, en médecine et en agriculture, des connaissances scientifiques nécessaires à l'application, et des pratiques basées sur la science.

La médecine et l'agriculture passent par les mêmes stades. Elles étaient constituées, dans leur ensemble, d'abord par un « art purement empirique »; elles ont en partie atteint le stade de « science »; et par certains côtés, peu nombreux encore, elles touchent au stade « art scientifique ». La médecine et l'agriculture recherchent l'utile, l'action utile; et pour atteindre l'utile, elles doivent d'abord rechercher le vrai, la connaissance du vrai.

L'agriculture et la médecine aboutissent en dernier lieu à des actions sur la matière vivante ou l'être vivant, animal ou végétal, c'est-à-dire à des applications de la science de la vie.

Or, les diverses sciences biologiques ne peuvent être vraiment comprises que si l'on connaît suffisamment les sciences physiques et chimiques et aussi la mécanique, c'est-à-dire les sciences que toutes les classifications nomment avant la biologie, et qui sont plus générales et moins compliquées que cette science. De telle sorte que le médecin et l'agronome doivent, pour être vraiment savants en leur profession et faire avancer la science, être encyclopédistes. Tandis qu'on peut être fort savant en mathématiques, en physique, etc., sans être encyclopédiste — et sans connaître, par exemple, la biologie —, il faut posséder une formation encyclopédique suffisante pour être savant médecin ou agronome. Le mathématicien, le chimiste, etc., ont le droit d'être encyclopédistes (et ils savent parfois user largement de ce droit), mais ils ne le sont pas nécessairement.

En retour, les encyclopédistes finissent toujours par aborder par quelque côté — et parfois très directement — les recherches d'agronomie ou de médecine. En France, par exemple, l'Académie de Médecine et la Société Nationale d'Agriculture possèdent parmi leurs membres des encyclopédistes qui, méritant d'y siéger, n'ont pourtant pas commencé leur carrière dans l'agronomie ou la médecine.

La parenté de la médecine et de l'agronomie est manifestée encore par ce fait que l'une quelconque des deux sciences appelle l'autre : où l'on enseigne l'une, on enseigne souvent aussi l'autre (bien entendu, si l'on met à part les écoles spéciales), et on les enseigne sous des formes semblables ou correspondantes, comme on le voit faire au Muséum de Paris, par exemple.

La parenté intellectuelle ou scientifique de la médecine et de l'agronomie apparaît encore, indirectement, dans ce fait que, à l'Académie des Sciences de Paris, la section d'« Economie rurale » ou d'Agriculture comprend maintenant, en même temps que trois chimistes spécialement agronomes, trois savants qui s'occupent surtout de médecine, de pathologie, d'hygiène, de microbiologie.

Les Impossibilités

L'Histoire générale des Sciences montre quelles sont les *attitudes* que l'esprit humain prend, aux différentes époques, en face de la nature ou des objets à étudier. Elle montre quels sont les *objets* qu'on étudie aux différentes époques. Elle montre aussi les *résultats* obtenus par l'étude, les conclusions auxquelles on arrive aux diverses époques, et en particulier celles auxquelles on arrive toujours quand on se laisse englober dans la foule.

Chacun construit le monde à sa mesure, à la mesure de son cerveau. Petit cerveau, petit monde. Où je ne comprends plus, je veux que le monde finisse : où s'arrête mon pouvoir de comprendre, je veux que la nature limite son pouvoir de faire ou d'être. Et j'ai tendance à dire à la nature : « Ici sont tes bornes; tu ne pourras pas atteindre ou faire cela ». Et je lui fixe les impossibilités qu'elle ne pourra vaincre, et je lui fixe des limites d'autant plus étroites que je suis moi-même plus ignorant.

Si les plus ignorants sont, à l'heure actuelle, les plus disposés à énoncer des impossibilités, à dire « telle chose est impossible », les plus grands penseurs ou savants n'ont pas manqué de payer leur tribut à la commune erreur, de se laisser entraîner par la tendance si humaine dont il s'agit. (V. : *La Méthode dans les Sciences expérim.*, p. 380 sq., 449 sq. et pas.; *La Musique des Couleurs et les Musiques de l'avenir*, p. 53 sq.; *L'Organisation de la Science*, p. LXI.)

Ainsi, Pasteur a déclaré impossible la production par synthèse de matières douées de propriétés polarisantes. Et cette synthèse a été faite.

Ainsi, Aug. Comte a dit que nous ne saurions jamais étudier par aucun moyen la composition chimique des astres. Et l'analyse spectrale a dit ou montré le contraire.

L'histoire des impossibilités affirmées par les hommes et démenties par les faits (qui pourrait être considérée comme un chapitre de l'Histoire des erreurs), lorsque ces impossibilités ont été énoncées par de grands esprits, serait très utile à faire. Elle serait d'un grand enseignement : car, en nous montrant avec quelle facilité les grands esprits disent des sottises, lorsqu'ils parlent d'impossibilités, elle nous mettrait en garde — nous, esprits petits ou moyens — contre la tendance qui nous pousse tous, et à laquelle les plus faibles savent le moins résister.

On peut observer, dans l'évolution de la croyance aux possibilités, trois stades. Ces trois stades se présentent semblables et dans l'évolution de l'individu, et dans l'évolution de l'espèce humaine ou l'évolution historique.

Au premier stade, l'homme, ignorant les lois naturelles coercitives et attribuant tous les faits de la nature à l'action de volontés divines arbitraires, ne voit rien d'impossible aux faits les plus extraordinaires qu'on puisse énoncer. Rien, à sa connaissance, ne s'oppose à ce que Minerve sorte tout armée du cerveau de Jupiter, à ce que Josué arrête le soleil, à ce que Gygès devienne invisible, à ce que les animaux naissent du limon de la terre, à ce que les miracles de toutes les religions, et d'autres miracles encore, soient réalisés et soient réels. Tout est possible : il suffit que Dieu ou les dieux veuillent.

Au deuxième stade, l'homme, connaissant quelques lois naturelles, a tendance à croire inconsciemment que sa science embrasse tout, tout le réel. Et si l'on énonce un fait qui contrarie une loi qu'il connaît —

ou même parfois seulement qui ne résulte pas directement d'une loi connue —, il refuse d'y croire, et de plus interdit aux autres d'y croire, sous peine pour eux d'être exclus du domaine scientifique et d'être déclarés indignes de servir la science. (*La Méthode dans les Choses de la vie courante*, p. 61 sq.)

La plupart des hommes adultes en sont encore à ce second stade.

Au troisième stade du développement de l'esprit scientifique, l'homme savant, considérant combien peu de choses encore il connaît, combien peu de lois naturelles ont pu être aperçues ou entrevues, est disposé à donner à la nature plus de liberté dans ses mouvements ou dans ses actions. Il voit plus loin dans le champ des possibles, parce que sa vue est meilleure. La myopie intellectuelle ne l'oblige pas à ne considérer comme étant dans le domaine de la science que les objets qui sont dans le cercle étroit décrit par le bout de son bras ou le bout de son nez. Il croit aux lois naturelles — et rejette le surnaturel (jusqu'à ce qu'on lui prouve son existence, bien entendu) —; mais il croit qu'il ne connaît pas toutes les lois, et, au lieu de tout déduire du peu qu'il connaît, il fait appel à l'expérience pour apprendre ce qu'il ignore. (*La Méthode dans les Sciences expérim.*, p. 312 sq.) Il croit aux lois naturelles; mais, si un phénomène en apparence contraire à une loi connue lui est signalé par un homme compétent, il ne le rejette pas *a priori*, en refusant l'expérience. Si, par exemple, on lui dit que, contrairement à la loi de l'attraction newtonienne, un objet — un ballon — s'éloigne spontanément de la terre au lieu de s'en rapprocher, le savant ne rejette pas *a priori* le fait signalé : il observe et expérimente. Et, si l'expérience dit que le fait est vrai, il en cherche une explication naturelle — car il ne croit qu'aux lois naturelles — : et (si Archimède n'est pas encore venu) il découvre le principe dit d'Archimède et son application aux gaz. (*L'Esprit scientifique et la Méthode scientifique*, p. 16 sq.)

Actuellement, quelques esprits de premier ordre sont parvenus au troisième stade. Certains d'entre eux, voulant découvrir des faits et des lois naturelles inconnus, ont eu l'idée (simple, en apparence) d'aller les chercher dans des domaines inconnus — ou exploités jusqu'à présent surtout par des charlatans ou par des ignorants qui n'ont pas encore dépassé le deuxième stade. C'est ainsi que l'Institut général psychologique, ayant à sa tête de vrais savants, a décidé de soumettre au contrôle scientifique le plus rigoureux les phénomènes dits psychiques, phénomènes que les demi-savants, restés au deuxième stade, refusent d'étudier (je dis « d'étudier », et non « de croire »), parce que, dans leur haute sagesse, ils ont décidé — avant de les avoir étudiés — que ces phénomènes n'existent pas. Et souvent ils ont raison, ces demi-savants, de s'arrêter où ils le font : en effet, pourvus d'un esprit scientifique chancelant, mal assis ou mal éclairé, ils ne manqueraient pas de s'égarer ou de choir dans les chemins difficiles qu'ils auraient à parcourir ou à ouvrir.

Il est honteux de souffrir que les esprits restent au premier stade. Il est regrettable de laisser au second stade ceux qui s'y tiennent, quand ils pourraient en sortir ou le quitter. Il est méritoire de pousser jusqu'au troisième ceux qui ont assez de souffle ou de force pour y parvenir, ceux qui, pourvus d'une base scientifique suffisante, ne risquent pas de perdre pied ou de perdre la tête sur le seuil de l'inconnu.

Les Paradoxes

A toutes les époques de l'histoire, il existe une science officielle ou classique, qui est comme un tissu fait de parties bien travaillées et résistantes (parties qui resteront) et de parties moins résistantes (parties appelées à disparaître). Parties durables et parties éphémères forment un tout qui sert de base à l'opinion commune : et tout ce qui est contraire à l'opinion commune est un paradoxe, par définition même.

Il y a donc — suivant la nomenclature proposée ailleurs (*L'Organisation de la Science*, p. 126) — des paradoxes vrais et des paradoxes faux. En effet, s'il y a des choses paradoxales qui sont fausses ou inexistantes (paradoxes faux), il y a aussi des choses ou des propositions qui, étant contraires à l'opinion commune d'une époque donnée ou paradoxales, sont pourtant vraies ou réelles (paradoxes vrais). Ainsi, l'étude des opinions qui règnent dans l'histoire à une époque donnée et l'étude des paradoxes sont corrélatives.

Les novateurs trouvent toujours en face d'eux, leur barrant la route, l'opinion commune. Etant novateurs, ils soutiennent nécessairement des paradoxes. Ces paradoxes sont vrais ou sont faux — et, par conséquent, exigent de la part du critique des attitudes différentes, suivant le cas. Mais, quand on veut fermer la bouche aux novateurs, on les accuse simplement de soutenir des paradoxes : et l'on croit parfois — bonnement — que cela suffit.

« Ceux qui sont capables d'inventer sont rares; les plus forts en nombre ne veulent que suivre, et refusent la gloire à ces inventeurs qui la cherchent par leurs inventions. Et s'ils s'obstinent à la vouloir obtenir, et mépriser ceux qui n'inventent pas, les autres leur donneront des noms ridicules, leur donneraient des coups de bâton » (Pascal : *Pensées*, édit. E. Havet, art. V, 20).

Les novateurs ont à lutter.

« Il y a une étude curieuse à faire, concernant le chapitre de l'histoire des découvertes et de la lutte qu'ont à soutenir les inventeurs contre ceux qui veulent vivre dans le passé et non dans l'avenir. Poinsot, puis Claude Bernard (1), ont donné chacun la formule d'attaque contre toute découverte, ils ont indiqué l'ordre suivi par les hommes dans les étapes qui mènent à l'assaut contre la découverte. Voici, je crois, la formule à laquelle on se conforme le plus souvent, formule indiquant quatre étapes dans la marche des opposants.

« Lorsqu'une découverte — ou, plus simplement, une nouveauté — est présentée, une foule se lève, qui crie d'une seule voix 1° : « La chose est absurde ». Mais le découvreur a parfois quelque ténacité; il a aussi parfois des raisons, et il donne les raisons montrant que la logique est avec lui, c'est-à-dire que la chose présentée n'est pas du tout absurde logiquement.

« Alors, la voix de la foule crie 2° : « La chose est impossible à réaliser ». Après avoir dit qu'une chose est absurde ou impossible logiquement, et lorsqu'on ne peut plus le soutenir, il est tout indiqué de dire que, si la chose est possible logiquement, elle est impossible pratiquement, autrement dit qu'il est impossible de réaliser pratiquement la chose, parce que

(1) Il y a lieu de rapprocher ce que disent ces auteurs de ce que dit Pascal touchant les objections qu'on pourra faire aux règles de *l'art de persuader*.

les moyens humains ne sont pas suffisants pour y parvenir.

« Mais le découvreur ne se tient pas nécessairement pour battu ; en même temps qu'un peu de ténacité, il a parfois des raisons qui montrent que la chose est possible pratiquement, et, parmi ces raisons ou preuves, la meilleure de toutes, celle qui consiste à montrer la chose réalisée.

« Alors, on perçoit une certaine agitation dans la foule, on entend une nouvelle rumeur qui s'élève (car la foule ne peut admettre qu'on lui offre du nouveau). Puis, progressivement, la rumeur grandit ; puis enfin elle prend une voix 3o : « Ce n'est pas nouveau », dit-elle.

« Alors le découvreur, s'il est de bonne foi — et son devoir est de toujours l'être —, cherche, parmi les œuvres faites et écrites, celles qui peuvent se rapprocher peu ou beaucoup de son œuvre propre ; et il expose les ressemblances et les différences qu'il trouve.

« Comme tous les phénomènes de la nature paraissent faits sur un même plan, on trouve toujours quelque phénomène ressemblant à celui qu'on présente. Comme tous les cerveaux ou toutes les intelligences travaillent sur les mêmes éléments donnés, plusieurs intelligences ont vu de la même manière les mêmes choses ; et l'on trouve souvent des opinions plus ou moins semblables exprimées chez des auteurs différents. Il faut, d'ailleurs, dire que, même si après bien des recherches on ne trouve pas d'opinion exprimée semblable à celle qu'on exprime soi-même, cela ne prouve pas que personne n'ait eu encore cette opinion. En effet, d'abord, on n'a pu tout lire ce qui a été écrit et conservé depuis que l'espèce humaine existe ; ensuite, aurait-on lu tous les écrits conservés, il peut y avoir un écrit disparu qui relate une opinion semblable à l'opinion qu'on croit nouvelle; ensuite encore, aurait-on lu tout ce qui a été écrit depuis la naissance de l'humanité, l'opinion que l'on croit nouvelle peut avoir existé dans une intelligence sans jamais avoir été écrite sur le papier, ni sur le papyrus, ni sur le métal, ni sur la pierre.

« Parfois, la voix de la foule, après avoir dit : « La chose n'est pas nouvelle », dit 4° : « La découverte serait-elle vraiment nouvelle, tout le monde pouvait la faire ».

« Il est bien difficile de prouver d'une façon péremptoire que personne autre que celui qui l'a faite en effet ne pouvait faire cette découverte. Et c'est véritablement trop demander que d'exiger que le découvreur fournisse la preuve de cela : c'est déjà beaucoup pour lui, s'il arrive à montrer que la part de nouveauté qu'il y a dans son œuvre est plus grande que la part qu'il aurait pu emprunter aux travaux des autres, s'il les avait connus. D'ailleurs, faute de preuve péremptoire pour la valeur de son œuvre, le découvreur peut dire à ceux qui présentent ces objections : « Vous qui criez, pourquoi, si vous étiez capables de faire la chose, avez-vous soutenu que la chose était impossible à faire, quand on vous l'a présentée! ». Il semble bien, en effet, que celui qui ne peut arriver à comprendre la découverte une fois faite, puisse encore moins la faire lui-même. » (*La Musique des Couleurs et les Musiques de l'avenir*, p. 58 sq.)

Les antipodes ont été pendant longtemps chose paradoxale. De même, l'idée de pouvoir atteindre les Indes ou la terre en allant par mer à l'ouest de l'Ancien Monde, fut paradoxale : et ceux qui n'admettent pas le paradoxe furent ou sont opposés au départ de Christophe Colomb et, par conséquent, à la découverte de l'Amérique.

Chaque science et chaque époque a ses paradoxes,

vrais ou faux. (*L'Organisation de la Science*, p. 36, 126 sq., 170 sq., 275 sq., 316 sq., 356 sq.)

Les chances pour que l'opinion qu'un individu émet soit paradoxale sont d'autant plus grandes que, à ce moment, la généralité des individus se fait plus facilement une opinion ou une conviction sur les divers sujets, même les moins connus. « Nous avons tous dans notre esprit, sans nous en douter, un certain nombre d'idées faites, de principes (faux quelquefois), que nous admettons sans le savoir et sans les énoncer, et dont nous tirons des conclusions. Et nous soutenons parfois ces conclusions avec ténacité ou entêtement, parce que le principe dont nous les avons tirées est pour ainsi dire fixé dans notre cerveau avec autant de force que les principes les plus clairement énoncés et les mieux établis. »

C'est actuellement un paradoxe que l'opinion de ceux qui croient possible de réformer l'orthographe française, et d'amener celle-ci à être aussi simple que l'orthographe des langues italienne et espagnole.

C'est actuellement un paradoxe que la possibilité de l'établissement d'une langue universelle artificielle (comme l' « Esperanto »), qui vivrait à côté des autres langues et les suppléerait dans tous les cas où il serait besoin.

C'est un paradoxe que le fait qu'un corps non vivant, placé dans un milieu à une température donnée, garde constamment une température supérieure à celle du milieu. Le radium est donc paradoxal — ou, si l'on préfère, se comporte d'une façon paradoxale.

Il y a peu d'années, l'opinion générale des savants était contraire à la possibilité du mouvement réalisé par le chat qui, lâché en l'air dans une position quelconque, retombe toujours sur ses pattes. La chronophotographie a fait constater la réalité du fait paradoxal. Il n'est plus resté alors qu'à donner l'explication — l'explication naturelle — du fait.

*
* *

Le Progrès

La science marche. Où va-t-elle? Comment marche-t-elle?

Que nous montre à ce sujet l'histoire des sciences?

L'histoire des sciences est une partie de l'histoire de la civilisation humaine : cette partie et les autres sont étroitement liées.

L'évolution de la science et de l'esprit humain se fait-elle dans le sens du mieux? Y a-t-il progrès? L'évolution de l'intelligence humaine correspond-elle à une évolution semblable des autres fonctions humaines? Le perfectionnement de l'intelligence et de la puissance humaines est-il accompagné du perfectionnement du corps humain et du cœur humain?

De tout temps ces questions et les questions voisines ont agité l'esprit des hommes. De tout temps les penseurs ont, en leur nom personnel ou au nom d'une divinité, indiqué des solutions. Le sujet se trouve trop longuement traité chez les auteurs pour que je m'y arrête longtemps.

Les religions et les mythologies ont parfois tendance à mettre dans le passé le paradis terrestre ou l'âge d'or, — l'âge où la nature est le plus favorable à l'homme en même temps que le corps humain est meilleur ou plus sain et plus fort et que la puissance humaine est plus développée. La science actuelle, au contraire, voit plutôt l'âge d'or dans l'avenir.

Les différents auteurs paraissent plus près de

s'entendre, lorsqu'il s'agit de ce qui se rapporte à l'intelligence ou à la connaissance. Ils semblent admettre tous — ou à peu près — que l'intelligence et la connaissance se développent avec le temps (1). (C'est la méthode qui règle et produit le développement de la connaissance scientifique.)

Quant au cœur ou à la moralité, les hommes sont en complet désaccord sur ce qui le touche. Beaucoup disent, avec Pascal : « Les inventions des hommes vont en avançant de siècle en siècle. La bonté et la malice du monde en général reste la même ».

D'autres disent que la bonté ou la moralité s'accroît. « Parmi les résultats généraux qui sortent de l'étude de l'histoire, il en est un fondamental, au point de vue philosophique : c'est le fait du progrès incessant des sociétés humaines, progrès dans la science, progrès dans les conditions matérielles d'existence, progrès dans la moralité, tous trois corrélatifs ». (Berthelot : *Science et Philosophie*, p. 34.)

D'autres disent que la moralité décroît. La chose est bien improbable. Pourtant la question me paraît loin d'être totalement éclaircie, malgré les nombreuses discussions qui ont eu lieu sur le sujet.

On peut voir le mal régnant à une époque donnée, sans pour cela être conduit à nier le progrès général.

> « Tout marche au but ; tout sert ; il ne faut pas maudire.
> Le bleu sort de la brume et le mieux sort du pire.
> . . . .
> Et même par le mal, par les fausses leçons,
> Par l'horreur, par le deuil, ô Kant, nous avançons.
> . . . .
> Le mal transfiguré par degrés fait le bien. »
>
> V. Hugo *(L'Ane)*.

(1) On admet, il est vrai, conformément à l'expérience, qu'il y a eu des périodes de nuit relative, d'arrêt ou même de recul, de l'intelligence ou de la connaissance humaines. Mais on croit en même temps que l'arrêt ou le recul (du moyen-âge, par exemple) n'a été qu'un accident, qu'une perturbation légère, qui ne change pas le sens du mouvement général.

« Volant sur nos sombres rameaux,
Comme un frelon que l'aube éveille,
Le progrès, ténébreuse abeille,
Fait du bonheur avec nos maux. »
V. Hugo *(Les Châtiments)*.

Ce qui, touchant le progrès, semble moins obscur que le reste, c'est qu'on peut et qu'on doit agir sur l'homme, pour contribuer à son perfectionnement physique, intellectuel et moral. On doit travailler au progrès.

« En avant, grande marche humaine !
....
Prenez les routes lumineuses,
Prenez les chemins étoilés.
Esprits semeurs, âmes glaneuses,
Allez, allez, allez, allez ! »
V. Hugo *(L'Art d'être Grand-Père)*.

Il faut toujours faire mieux.

« Jusqu'au jour
Où la science aura pour but l'immense amour,
Où partout l'homme, aidant la nature asservie,
Fera de la lumière et fera de la vie,
Où les peuples verront les puissants écrivains,
Les songeurs, les penseurs, les poètes divins,
Tous les saints instructeurs, toutes les fières âmes,
Passer devant leurs yeux comme des vols de flammes ;
Où l'on verra, devant le grand, le pur, le beau,
Fuir le dernier despote et le dernier fléau ;
Jusqu'au jour de vertu, de candeur, d'espérance,
Où l'étude pourra s'appeler délivrance,
Où les livres plus clairs refléteront les cieux,
Où tout convergera vers ce point radieux :
— L'esprit humain meilleur, l'âme humaine plus haute,
....
Les oreilles de l'âne auront raison dans l'ombre ! »
V. Hugo *(L'Ane)*.

Pour qu'on puisse contribuer au perfectionnement total de l'homme, il faut instituer une éducation physique, intellectuelle et morale appropriée. Avant d'agir, il faut connaître, connaître les moyens d'action : avant de vouloir faire l'éducation complète de l'homme, il faut connaître scientifiquement les ressorts physiques, intellectuels et moraux sur lesquels on veut agir. La physiologie et la pathologie — aussi bien intellectuelles et morales que physiques — nous permettront d'établir une hygiène et une thérapeutique correspondantes. En particulier, l'étude scientifique de la suggestion — entendue dans le sens le plus large du mot —, importante déjà au point de vue théorique, sera plus importante encore au point de vue pratique : car elle mettra — et met déjà — entre nos mains un instrument d'une grande puissance.

On se rapprochera d'autant plus de l'âge d'or ou de l'âge du bonheur commun (qui correspondra au perfectionnement physique, intellectuel et moral de l'homme) qu'on connaîtra mieux en quoi consistent le bonheur et les moyens de l'atteindre. L'étude purement scientifique (surtout physiologique et psychologique) du bonheur est à faire. Elle sera faite bientôt.

∴

Le Domaine de la Science

L'histoire de la science nous montre où l'évolution conduit celle-ci, à quoi la science touche, à quels problèmes elle s'attaque.

La science, la science positive, étend de plus en plus son domaine.

« La conception rationnelle prétend tout éclairer et tout comprendre ; elle s'efforce de donner de toute chose une explication positive et logique, et elle étend son déterminisme fatal jusqu'au monde moral. Je ne sais si les déductions impératives de la raison scientifique réaliseront un jour cette prescience divine, qui a soulevé autrefois tant de discussions et que l'on n'a jamais réussi à concilier avec le sentiment non moins impératif de la liberté humaine. En tout cas, l'univers matériel entier est revendiqué par la science. » (Berthelot, *Science et Philosophie*, p. 151.)

« ..... La science, envisagée sous ses formes multiples, qui comprennent le domaine entier de l'esprit humain, dans l'ordre moral, intellectuel et artistique, aussi bien que dans l'ordre matériel. » (Berthelot : Discours à l'Association philotechnique. — *Revue scientifique*, 18 novembre 1899, p. 641.)

D'abord la science positive a porté son effort sur la connaissance du monde. Elle tend de plus en plus à le faire porter en même temps sur la connaissance ou la science de l'homme, de l'esprit humain et des manifestations ou produits de l'esprit humain. En effet, les sciences philologiques et historiques deviennent des sciences positives (où l'on recherche les *faits*, les *causes* prochaines ou les conditions d'existence, et les *lois*). La psychologie devient scientifique. Les disciplines philosophiques dans leur ensemble, la métaphysique y comprise, veulent se rapprocher de la science.

Quand une discipline (la psychologie, par exemple) consent à se laisser influencer ou pénétrer par la science positive, l'action peut se produire sans qu'il y ait à abandonner un pouce de terrain ou une parcelle du domaine primitif. Mais, quand la discipline ancienne refuse de se laisser pénétrer (comme la religion, parfois) par la science positive, il faut qu'elle recule devant une force qu'elle ne peut dompter, devant un courant qu'elle ne peut arrêter.

Le domaine de la science positive se confondra un jour, à la limite — ou tend à se confondre de plus en plus —, avec celui de la pensée et de l'action humaine tout entières. La méthode scientifique ira jusqu'à pénétrer les choses de la vie courante. (Et l'on peut dès maintenant écrire sur « la Méthode dans les Choses de la vie courante ».)

Voyant la fin ou le but auquel nous tendons inconsciemment encore, nous sommes conduits à y tendre enfin consciemment et délibérément. Nous sommes conduits à appliquer tous nos efforts au travail qui permettra d'atteindre le but ou de s'en rapprocher indéfiniment. Nous sommes conduits à porter nos efforts sur le développement de la Méthode scientifique appliquée à tous les objets — aux choses de la vie courante, entre autres.

.˙.

Contradiction et Conciliation

L'histoire des sciences montre ce à quoi conduit l'évolution de la pensée : les directions suivies, et les résultats obtenus.

L'histoire nous montre que les directions successives de la pensée humaine, que les théories qui se succèdent ne sont pas aussi contradictoires qu'elles le paraissent d'abord, même lorsqu'elles prétendent s'opposer nettement l'une à l'autre.

C'est la même nature que nous observons tous, c'est avec les mêmes sens et le même cerveau que nous l'étudions : et nos façons de voir ont nécessairement bien des points communs. Il y a aussi dans nos vues des différences : mais elles proviennent des différences dans les points de vue auxquels nous nous plaçons, dans les biais par lesquels nous considérons les choses, dans les faces différentes que nous considérons dans les objets, bien plutôt qu'elles ne proviennent des différences dans les organes et les fonctions humaines.

Aussi l'opposition réelle et la contradiction apparente (1) disparaissent-elles le plus souvent, quand nous consentons à nous placer au même point de vue que l'adversaire ou que la théorie adverse. Et souvent nous pouvons concilier ce qui paraissait d'abord contradictoire. Et chercher la conciliation des théories et des tendances (conciliation plus difficile à obtenir que l'opposition) est la marque d'un puissant ou ferme esprit. Certains parmi les puissants esprits ont pour caractère le plus saillant d'avoir cherché la conciliation : Leibnitz est de ce nombre.

Il faut considérer les divers aspects ou les diverses faces des objets.

« Les subjects ont divers lustres et diverses considerations ; c'est de la que s'engendre principalement la diversite d'opinions ; une nation regarde un subject par un visage et s'arreste à celuy-la, l'aultre par un aultre ». (Montaigne : *Essais*, chap. XII.)

« ...... Les choses sont vraies ou fausses, selon la face par où on les regarde ». (Pascal : *Pensées*, art. III, 13.)

« Quand on veut reprendre avec utilité, et montrer à un autre qu'il se trompe, il faut observer par quel côté il envisage la chose, car elle est vraie ordinairement de ce côté-là... » (Pascal : *Pensées*, art. VI, 29.)

« La plupart des sectes ont raison dans une bonne partie de ce qu'elles avancent, mais non pas tant en ce qu'elles nient. » (Leibnitz. — Erdm, 702 a).

On a traduit cette dernière pensée — d'une façon moins exacte, mais plus frappante — de cette nouvelle manière : « Tous les systèmes sont vrais dans ce qu'ils affirment, et faux dans ce qu'ils nient ».

En réalité, l'opposition et la conciliation ont chacune leurs avantages particuliers.

(1) La contradiction, quand elle est réelle, est seulement dans les opinions — ou les théories, ou les interprétations de faits —, mais jamais dans les faits même. Il n'y a pas de faits contradictoires.

L'opposition des systèmes peut être recommandée comme méthode, pour faire ressortir ce que les systèmes ont de différent (et c'est alors une partie ou une dépendance de la méthode comparative). Mais l'essai de conciliation doit toujours suivre l'opposition.

L'essai de conciliation est chose toujours utile. En effet, pour concilier deux systèmes en apparence contradictoires, il faut nécessairement retourner de toutes les façons l'objet étudié, considérer celui-ci sous toutes ses faces : et, par suite, on est conduit à bien le voir et à bien le connaître. Aussi, l'essai de conciliation, même lorsqu'il n'aboutit pas à la conciliation réelle, est-il un travail fructueux — à recommander, par conséquent.

∴

Les Idées et le Milieu récepteur

Pour qu'il y ait progrès, il faut que ce qui est nouveau et meilleur pénètre dans le milieu auquel il est destiné, soit adopté et assimilé par le milieu.

Pour qu'une action communiquable soit communiquée et produise tous ses effets, il faut un « producteur » et un « récepteur » qui soient accordés : il faut qu'il y ait un appareil ou individu producteur, un appareil ou individu récepteur, et que les deux appareils ou individus soient dans un état préliminaire assez semblable, qui permette aux vibrations ou actions de l'un d'influencer l'autre appareil ou individu.

L'action scientifique est comme les autres actions : il faut, pour qu'elle se communique et produise ses effets, que l'individu producteur ou inventeur d'une idée ait un correspondant adapté ou accordé avec lui, un individu récepteur qui, assez semblable au producteur, puisse vibrer sous l'influence de l'action. Si le milieu récepteur dans lequel une idée scientifique est lancée n'est pas convenablement préparé, l'idée ne produit rien, ne germe pas.

L'idée peut ne jamais germer et fructifier, si le milieu scientifique ne devient jamais favorable à la germination et à l'accroissement et à la fructification (ce cas est probablement rare). L'idée peut encore ne jamais germer, si la parole qui l'a exprimée n'a pas été traduite et fixée par l'écriture, ou si l'écriture qui devait la fixer (sur la pierre, le papyrus, le papier, etc.) n'a pu durer, a été détruite ou perdue.

Quelquefois — et trop souvent — les esprits les plus originaux ne sont pas compris de leurs contemporains (1) : la semence de vérité qu'ils jettent au sillon reste des années ou des siècles sans germer, parce que le terrain n'est pas préparé pour la recevoir. Et l'on voit des esprits qui sont en avance sur leur siècle passer longtemps pour des médiocres, et parfois pour des fous ou des illuminés, jusqu'à ce que le progrès des idées dans le milieu récepteur, dans la foule de ceux qui pensent, ait permis à leur pensée d'être comprise et de porter ses fruits.

Christophe Colomb et Bernard Palissy passèrent pour des illuminés, jusqu'à ce que leur pensée, se traduisant en actes sensibles à tous, ait pu faire éclater sa valeur.

L'opposition ou l'oubli, tel est souvent le lot des

(1) S'il est juste de dire que souvent les hommes de génie ne sont pas compris de leur temps, il faut se garder d'énoncer ou d'admettre la réciproque, c'est-à-dire de croire (comme on est tenté de le faire, lorsqu'on est soi-même en cause) que les hommes incompris sont des hommes de génie ou encore des esprits originaux.

esprits qui sont en avance sur leur siècle. Les Pythagoriciens durent attendre la venue de Copernic pour que leurs idées astronomiques fussent tirées de l'oubli. Les atomistes anciens durent attendre le développement de la chimie contemporaine pour qu'on pût trouver un sens précis et acceptable à leurs écrits, pour qu'on pût suivre et compléter leurs vues ou en présenter d'analogues. Hippocrate, bien qu'il ait toujours été goûté, ne put être pleinement compris que lorsque, avec et après Pasteur, on eût éclairé les questions de contagion microbienne et de milieu. Lamarck dut attendre la venue de Darwin pour que, par contre-coup, ses idées fussent discutées en même temps que celles de ce dernier.

Quand ce n'est pas le silence ou l'oubli qui couvre une idée de valeur, c'est souvent l'opposition des hommes qui l'arrête pour un temps. L'opposition prend parfois — ou veut prendre — la forme scientifique. Ainsi, on prouva — ou crut prouver — à Christophe Colomb que ses projets étaient chimériques, parce que leur réalisation était contraire aux lois supposées de la physique et de la religion. On prouva à Galilée que la terre ne peut tourner. Mais la chose prétendue impossible était ou possible ou réelle : la terre et les astres avaient la forme et le mouvement indiqués par les précurseurs, et les preuves qu'on leur opposait se sont évanouies.

L'idée exigeant pour germer un terrain favorable, et la réputation des penseurs ou savants étant proportionnelle au travail sensible de la germination et du développement de leurs idées dans le milieu, il arrive souvent que la réputation d'un savant à un moment donné de l'histoire ne correspond pas à la valeur de son esprit : la réputation est ou supérieure ou inférieure à la valeur de l'homme. Mieux les idées d'un homme sont comprises, ou plus elles sont en rapport ou concordance avec celles d'une époque donnée (les idées exprimées par lui étant dans l'air — comme on dit parfois), plus l'homme paraît grand. Et inversement. Aussi, tel qui était d'abord dans la nuit de l'oubli, a paru grand un moment dans la lumière, puis est retombé dans l'oubli. Les réputations oscillent.

L'histoire des sciences fait la revision continuelle des réputations des savants. Ceux qui sont vêtus de gloire et ceux qui sont vêtus d'ombre y trouvent également leur compte, puisque la justice y trouve le sien.

*
* *

Faveur et Défaveur

L'histoire des sciences comprend l'histoire des *faits* et l'histoire des *idées*.

Les idées scientifiques, telles idées scientifiques, sont plus ou moins en faveur et la réputation de ceux qui les ont émises est plus ou moins grande, suivant que les conditions indiquées ci-dessous sont plus ou moins bien réalisées.

Pour qu'une idée soit en faveur, il faut d'abord qu'elle ait été énoncée, et que l'énoncé en ait été conservé — oralement ou par écrit. Il faut aussi que le milieu soit favorable, c'est-à-dire que l'époque où l'on se trouve ne soit pas trop en retard sur la pensée, ou que l'idée ou l'esprit qui l'a émise ne soient pas trop en avance sur le siècle. Il faut aussi que le sujet soit de ceux qui intéressent l'époque présente.

Si le milieu n'est pas favorable au développement du germe, la semence ne donne rien : l'essai de culture, la tentative du chercheur avorte. Mais, si le milieu s'améliore avec le temps, un jour il vient un homme qui fait la même tentative que le premier, et qui réussit où le premier n'a pu qu'échouer. Et le second chercheur paraît, à tort, plus grand que le premier.

Le savant peut être ou incompris, ou combattu et battu. Et nous devons — comme Pasteur — penser à ceux qui n'ont pu faire triompher leurs idées, surtout quand les circonstances nous ont favorisés nous-mêmes.

« A travers cet éclat, ma première pensée se reporte avec mélancolie vers le souvenir de tant d'hommes de sciences qui n'ont connu que des épreuves. Dans le passé, ils eurent à lutter contre les préjugés qui étouffaient leurs idées. Ces préjugés vaincus, ils se heurtèrent à des obstacles et à des difficultés de toutes sortes » (Pasteur : *Discours prononcé à son jubilé*).

Pour que l'idée soit en faveur, il est bon, entre autres choses, qu'elle ait de la valeur, et une valeur bien apparente.

Il est utile encore que le style de l'auteur ait quelque chose qui attire ou retienne, quelque chose qui soutienne l'attention au lieu de la fatiguer. Aussi, en dehors de leurs qualités plus proprement scientifiques, Bacon et Descartes, par exemple, doivent une partie de leur influence à leur style : l'imagination de Bacon et la clarté de Descartes sont des qualités qui plaisent et fixent l'attention. Et si Aug. Comte a conservé longtemps dans le grand public une réputation inférieure à celle qu'il méritait, il le doit en partie à son style, qui n'a rien de ce qu'il faut pour plaire au lecteur attentif.

Il est curieux de remarquer que certains des hommes qui ont eu le plus d'influence sur la pensée et l'action humaines sont des penseurs qui n'ont rien écrit —

que nous connaissions —. Au premier rang de ces grands hommes, il faut citer Socrate et Jésus. Peut-être leur influence tient-elle en partie à ce que, les écrits manquant, les disciples ont pu honnêtement faire dire au maître ce qu'ils ont voulu, lui attribuer tout ce qu'ils trouvaient de bon en eux-mêmes. Le meilleur style fut dans ce cas le style inexistant — si l'on peut ainsi parler —, parce que ce style se prête à toutes les formes qu'on veut bien lui donner, et, en particulier, aux formes les meilleures.

La réputation d'un auteur et la faveur dont jouissent ses idées ou ses écrits dépendent encore, parfois, des amitiés qu'a l'auteur, des titres qu'il possède, des écoles par lesquelles il a passé. Il semble que, en France, en particulier (où l'amour de la clarté et de l'ordre amène celui des hiérarchies bien ordonnées et des groupes bien faits), appartenir à un groupe déterminé ou sortir de telle ou telle école ait une influence sur les réputations des penseurs et sur les succès divers qu'on doit à la réputation scientifique. Ainsi, Aug. Comte pendant sa vie n'a guère été pris au sérieux par les philosophes de profession (en France, au moins), et cela en partie, semble-t-il, parce qu'il ne paraissait pas spécialement préparé aux études philosophiques par son éducation première, l'école polytechnique (dont il était sorti) n'enseignant pas la philosophie, — et aussi parce qu'il ne prenait pas les questions par le même bout que les philosophes ses contemporains, parce que son point de vue n'était pas le point de vue classique.

La réputation des auteurs et la faveur de leurs idées dépendent donc en grande partie de conditions indépendantes de la valeur de l'œuvre. Certains auteurs ont, à tel moment de l'histoire, plus de réputation que de valeur (leur réputation est usurpée); d'autres ont plus de valeur que de réputation. Il importe donc, pour que la justice soit satisfaite, que l'Histoire de la science fasse continuellement la revision des réputations scientifiques — ou, tout au moins, qu'elle ne refuse jamais de l'opérer, quand l'occasion se présente de le faire.

*
* *

Conditions du Progrès scientifique

L'Histoire générale des Sciences indique, en même temps que le *progrès* (c'est-à-dire les résultats obtenus ou les conclusions énoncées), les *causes du progrès* (c'est-à-dire les méthodes — technique et raisonnement — ou les moyens employés pour obtenir les résultats).

Le progrès des sciences tient souvent à des causes qui semblent d'abord n'avoir qu'une importance secondaire : de petites causes apparentes produisent parfois de grands effets — en raison des circonstances. Les grands progrès accomplis dans les sciences ne dérivent pas toujours des plus grandes découvertes ou des découvertes qui ont exigé de l'inventeur le plus de génie : parfois une découverte faite empiriquement ou accidentellement peut être une cause de grands progrès, quand on peut et sait en tirer des applications nombreuses et importantes.

Ces deux dernières remarques peuvent être illustrées par un même exemple, celui de l'invention du verre (1).

(1) L'exemple de l'invention de l'imprimerie serait aussi très instructif.

Les conséquences énormes de cette invention ne sont pas en

Toutes nos connaissances viennent — directement ou indirectement — de l'expérience. Ce sont les sens ou les sensations qui fournissent la matière de l'expérience. Et, parmi les sens, celui de la vue est (non pas d'une façon nécessaire, éternellement nécessaire, mais d'une façon contingente, par suite de notre constitution anatomique et physiologique) le plus important, celui qui nous fournit les éléments des connaissances les plus nombreuses et les plus précises. Si donc nous parvenons à perfectionner le sens de la vue, ou simplement la vision des objets, nous aurons, par là, contribué d'une façon importante au perfectionnement de la connaissance, au progrès de la science.

Or, le verre nous permet de perfectionner la vision des objets. Grâce a l'invention du verre (invention qui ne parait pas avoir demandé plus de génie chez l'inventeur que telle autre invention dont les conséquences sont bien moins importantes), on a pu construire des instruments « de production » et « de mesure », on a pu construire le télescope, le microscope, le spectroscope, etc. Grâce au verre, on a pu, non pas créer, mais développer considérablement l'astronomie et toutes les sciences et toutes les pratiques qui en dérivent. Grâce au verre, on peut, avec la loupe et le microscope, étudier la constitution des minéraux et des êtres vivants (animaux et végétaux), et même voir certaines fonctions s'accomplir. Grâce au verre, on a pu étudier les microbes, et instituer toute la médecine

---

rapport avec la valeur propre de l'invention ou avec le développement nécessaire de l'intelligence de l'inventeur. En effet, la découverte de Gutenberg et de ses prédécesseurs ne parait vraiment pas géniale, c'est-à-dire telle qu'un homme de génie seul ait pu la faire.

L'invention du papier est un autre exemple d'invention non géniale ayant eu des conséquences d'une très grande importance.

microbienne qui est basée sur cette étude. Grâce au verre et à la spectroscopie, la chimie — l'analyse, en particulier — a pu faire des progrès importants.

Grâce au verre, on a pu construire des appareils de toutes sortes, utilisés dans les sciences pures et aussi dans les sciences appliquées et les arts.

Grâce au verre, nous pouvons dans les sciences expérimentales établir des lois précises, parce que nous pouvons faire les mesures précises nécessaires pour cela. En effet, mesurer (1) se ramène presque toujours, en dernier lieu, à faire coïncider un index mobile avec une graduation fixe : mesurer avec précision, c'est observer avec précision la coïncidence. Et c'est la loupe ou le verre qui permet d'observer avec précision et sensibilité.

Grâce au verre, invention d'apparence modeste, on a pu à la fois étendre la connaissance scientifique, la connaissance des lois, et servir l'humanité par des applications nombreuses et très diverses.

De même, il est des faits observés qui semblent d'abord de peu d'importance, et qui pourtant peuvent contribuer puissamment au développement de la science, en servant de base à de nouvelles observations et expérimentations et à de nouvelles théories.

Ainsi le fait que le radium, par exemple, se maintient à une température plus élevée que le milieu dans lequel il est plongé (MM. Curie et Laborde) me paraît gros de conséquences pour la science, pour la philosophie des sciences ou la philosophie naturelle, et aussi pour l'action humaine.

Le progrès des sciences dépend des conditions du savant (intelligence, génie, etc.), de celles du milieu

(1) Voir : *La Méthode dans les Sciences expérimentales*, p. 282 sq., 292 sq.

(époque et peuple suffisamment avancé, etc.), de celles de l'objet étudié (telle science ou telle partie de science, ou telle autre), du point de départ ou du fait-base (radio-activité, etc.), et aussi des *méthodes* qui mettent le tout en œuvre, méthodes de raisonnement et techniques — et, en particulier, moyens techniques suffisants (verre, etc.).

∴

Les Erreurs utiles

L'esprit humain — l'histoire le montre — n'a pas coutume d'aller droit vers la vérité.

Pour arriver à une vérité, souvent l'esprit suit le chemin de l'erreur, en passant d'une erreur très éloignée de la vérité à une autre qui l'est moins. On peut dire que les étapes parcourues ainsi sont des étapes utiles, et, en certain sens, que les erreurs qui marquent les étapes sont des erreurs utiles. (V. : *La Méthode dans les Sciences expérimentales*, pas. ; *l'Organisation de la Science*, p. 292 sq., 331 sq. et pas.).

Christophe Colomb, dans ses voyages vers l'Amérique, croyait ou voulait atteindre — et crut avoir atteint — les Indes occidentales. L'erreur qui le poussa vers l'Amérique fut une erreur utile.

Kepler fut dans l'erreur quand, se basant sur des mesures insuffisamment exactes, il énonça que la trajectoire des planètes est une ellipse (les orbites, à cause de perturbations secondaires, ne sont pas rigoureusement elliptiques). Mais son erreur — faible, d'ailleurs — fut utile en ce qu'elle permit à Newton d'établir la gravitation universelle.

Lavoisier vit ou crut les phénomènes de fermentation plus simples qu'ils ne sont en réalité. (Duclaux : *Traité de Microbiologie*, tome I, p. 10). Son erreur fut utile en ce qu'elle permit à l'étude du sujet de progresser.

A parler rigoureusement, ce qui est utile ce n'est pas l'erreur elle-même, mais d'ordinaire la part de vérité qu'elle contient. Et, s'il est utile parfois de se tromper d'abord pour ensuite se rapprocher graduellement de la vérité, il serait encore meilleur d'atteindre la vérité directement.

* * *

Les Erreurs classiques

L'histoire nous montre que, pour arriver à une vérité connue aujourd'hui, on est passé par nombre d'erreurs, de plus en plus rapprochées de la vérité, qui ont marqué les étapes de la pensée humaine. Parfois, ces erreurs ont été pendant longtemps prises par tous pour vérités et enseignées comme telles, même par les meilleurs d'entre les savants. Ces erreurs peuvent alors prendre le nom d' « erreurs classiques », que je leur ai déjà donné ailleurs.

« Pour que de grands esprits aient pris pour vérité l'erreur, il fallait que la chose ne fût pas sans vraisemblance aucune, il fallait aussi, lorsque des expériences de vérification ont été faites, qu'il y eût des causes d'erreur difficiles à éliminer soit des expériences, soit des raisonnements. »

Toutes les sciences présentent des erreurs classiques, — autrefois classiques ou encore classiques. (V. : *La Méthode dans les Sciences expérimentales*,

p. 343 sq.; *l'Organisation de la Science*, p. 129, 175 sq., 278 sq., 318 sq., 358 sq.)

L'étude de ces erreurs est de la plus haute importance dans l'Histoire de la Science. Là où les plus grands esprits et les plus sûrs se sont trompés, sont tombés dans l'erreur, il y a bien des chances pour que ceux qui sont moins assurés dans leur marche tombent aussi, si l'on n'éclaire la route. Montrer les causes des erreurs commises, dévoiler l'apparence trompeuse qui a trompé les meilleurs, marquer l'emplacement de l'obstacle que n'ont pu renverser ou éviter les vrais savants, c'est éclairer et faciliter la marche de tous dans un chemin difficile : et c'est un travail (touchant à la fois à l'Histoire de la Science et à la Méthode scientifique) de la plus grande utilité.

L'Histoire de la Science doit être au moins autant l'histoire des erreurs que celle des vérités, autant l'exposé et la dissection des erreurs commises par les vrais savants que l'exposé des « faits » découverts et des « méthodes » qui ont servi à découvrir.

∴

Les Exagérations

L'histoire nous montre la fortune diverse des théories ou des résultats découverts ou énoncés : elle nous montre, en particulier, comment les théories évoluent et quelles formes diverses elles prennent.

Toute théorie importante donne lieu un jour à des exagérations.

Ce sont d'ordinaire les moins savants — ou les ignorants — qui poussent la théorie jusqu'à l'exagération et à l'abus, et la déforment ainsi.

Quand un vrai savant fait une observation nouvelle, une théorie naît, qui embrasse à la fois les phénomènes du passé, ceux du présent et ceux de l'avenir. Quand l'observation ou l'expérience faite peut avoir une grande portée, quand l'inventeur se trouve être un grand savant ou un grand penseur, les esprits — même de bons esprits — sont comme éblouis et grisés par le spectacle nouveau ou les perspectives nouvelles qui se présentent à leur yeux ; ils croient alors que les nouveaux faits et la nouvelle théorie expliquent tout : ils exagèrent la portée de la théorie, ils abusent d'elle.

Ainsi, quand Pasteur eut montré le microbe et l'influence du microbe, il y eut des esprits — et même de bons esprits — qui eurent tendance à tout expliquer dans les maladies par le microbe et son action. On négligea trop alors l'influence considérable du milieu dans lequel la maladie doit évoluer (influence qui d'abord avait été nécessairement exagérée au détriment de l'action microbienne, alors que l'agent était inconnu). L'exagération et l'abus ne furent pas portés au même degré chez tous les auteurs ou chez tous les hommes : ils furent d'autant plus grands que l'on avait affaire à un esprit moins profond et moins étendu. On paraît actuellement revenu à une plus saine appréciation des choses. On reconnaît : l'influence du milieu (extérieur et intérieur) dans tous les cas, celle du microbe et de ses produits quand la maladie est microbienne, et celle de la cellule autochtone lésée.

Après Newton, certains esprits ont eu tendance à exagérer l'importance de la gravitation (importance des applications, et surtout importance explicative). Tandis que Newton s'arrêtait à la gravitation considérée comme « fait » de tendance au rapprochement des corps, en indiquant qu'il ignorait la « cause » de ce fait, des disciples imprudents et maladroits ont cru que Newton admettait comme cause une attraction réelle à distance : ils ont voulu le lui faire dire et l'enseigner en son nom.

Souvent, ce sont des disciples maladroits qui déforment les théories du maître (et qui le font parfois sans avoir lu les travaux originaux de celui-ci). Mais d'autres fois, ce sont des ennemis qui, d'une façon plus ou moins consciente et intentionnelle, déforment à plaisir les théories et, après leur avoir donné une forme insoutenable ou absurde, ont plaisir — et facilité — à combattre l'absurdité de la théorie qu'ils ont ainsi élaborée eux-même en l'attribuant à un autre. Si, par exemple, un savant dit, en se basant sur des expériences sérieuses, que l'alcool, pris à dose modérée et sous forme convenable, peut jouer le rôle d'aliment — ou, tout au moins, concourir à l'alimentation du corps humain en énergie —, la foule des ignorants qui ne l'ont pas lu (je parle des ignorants) lui fera dire que l'alcool n'est pas un poison et que l'alcoolisme est chose à patronner et à favoriser.

Combien n'y a-t-il pas de disciples bienveillants qui, sans avoir lu les auteurs qu'ils vénèrent, croient les connaître et leur font dire ce que ceux-ci n'auraient jamais accepté de dire ! Newton, Malthus, Pasteur — pour ne citer que ceux-là — ont certainement à se plaindre à ce sujet de certains de leurs disciples. (V. : *La Méthode dans les Sciences expériment.*, p. 250 sq., 443 sq.).

L'exagération des disciples ne se manifeste pas seulement dans le domaine scientifique : elle se montre dans tous les domaines où agit l'esprit humain, dans le domaine de l'art, par exemple (art littéraire et peinture). Ainsi, il est des disciples qui ont poussé jusqu'à l'extrême l'expression des caractères du romantisme ou du réalisme, et qui, voulant faire comme les maîtres, ont imité et exagéré leurs défauts, en négligeant l'imitation de ce en quoi ils étaient bons ou le meilleur ou le plus vrai.

.˙.

Rien de Nouveau sous le soleil

L'homme cherche. Que trouve-t-il? Ce qu'il trouve, l'histoire de la science doit nous le montrer.

Elle nous montre qu' « il n'y a rien de nouveau sous le soleil » — comme dit l'Ecclésiaste —. Il n'est rien d'absolument nouveau, de tellement nouveau qu'on ne puisse trouver dans le passé quelque chose de semblable par quelque côté.

Cela est vrai pour les choses de la nature. Cela est vrai aussi pour les choses de la science. « Il n'est rien de sensé qui n'ait été déjà pensé; on doit seulement tâcher de le penser encore une fois » (Gœthe). Il n'est rien même d'insensé qui n'ait été pensé déjà sous une forme plus ou moins semblable à la forme qu'on voit.

Les théories, bonnes ou mauvaises, vraies ou fausses, en partie vraies et en partie fausses, se succèdent depuis l'antiquité, diverses en apparence, mais semblables au fond, mais telles qu'on peut les ramener toutes à un petit nombre de types. Et la connaissance qu'on a de l'histoire des théories peut, lorsqu'on a déterminé l'état présent ou la théorie en faveur, faire prévoir quelle est la théorie dont la faveur va s'emparer, le type ancien de théorie qui va renaître et se présenter sous une forme nouvelle.

On n'invente guère que du vieux-neuf. Pourtant

l'invention existe. Faire renaître un type ancien, cela peut non seulement être utile, mais encore être une véritable création. Si le fond est vieux, la forme est nouvelle : et l'invention de la forme peut avoir une grande importance. En effet, la forme nouvelle peut faire paraître vraie et accepter une théorie, vraie au fond, qu'on avait rejetée depuis plus ou moins longtemps comme fausse, parce que la forme sous laquelle elle s'était présentée d'abord ne pouvait s'accorder avec la réalité des faits.

Une chose peut avoir été dite, mais sans que l'auteur en ait vu l'importance : elle peut être restée à l'état de germe infécond dans l'esprit de l'auteur.

« Tous ceux qui disent les mêmes choses ne les possèdent pas de la même sorte... Il faut donc sonder comme cette pensée est logée en son auteur; comment, par où, jusqu'où il la possède...

Je sais combien il y a de différence entre écrire un mot à l'aventure, sans y faire une réflexion plus longue et plus étendue, et apercevoir dans ce mot une suite admirable de conséquences...

Tel dira une chose de soi-même sans en comprendre l'excellence, où un autre comprendra une suite merveilleuse de conséquences qui nous font dire hardiment que ce n'est plus le même mot, et qu'il ne doit non plus à celui d'où il l'a appris, qu'un arbre admirable n'appartiendra pas à celui qui en aurait jeté la semence, sans y penser et sans la connaître, dans une terre abondante qui en aurait profité de la sorte par sa propre fertilité...

Les mêmes pensées poussent quelquefois tout autrement dans un autre que dans leur auteur : infertiles dans leur champ naturel, abondantes étant transplantées ». (Pascal : *De l'Esprit géométrique.*)

D'ailleurs, une idée lancée au vent ou dans le vide n'est pas la même chose qu'une idée fixée sur une base solide, étayée sur des preuves : imaginer n'est pas tout dans la science, il faut prouver. Et celui qui, reprenant une idée ancienne, mais flottante, mobile, insaisissable, non prouvée, parvient à la fixer dans la science en prouvant ce qui n'était que supposé d'abord, celui-là fait œuvre utile et en un sens nouvelle.

Ainsi, l'idée qui conduit à l'usage des agents physiques en thérapeutique est aussi ancienne que l'empirisme lui-même. Mais l'idée et la pratique correspondante ont pris récemment une forme nouvelle (forme scientifique et expérimentale au lieu de forme empirique, forme étendue et profonde au lieu de forme étroite et superficielle, forme claire ou nette au lieu de forme obscure), forme nouvelle qui fait dire qu'il y a une invention et un inventeur.

Ainsi, la variolisation et la vaccination jennérienne sont choses vieilles, relativement vieilles. Mais la vaccination entendue dans le sens très large du mot, la vaccination pastorienne, la sérothérapie et l'opothérapie, sont choses neuves, relativement neuves.

Celui qui s'occupe activement de l'Histoire des Sciences se trouve souvent saisi à la fois par deux sentiments opposés. A tout moment il retrouve, chez tel auteur ou tel autre, une idée qu'il croyait avoir inventée lui-même : il trouve toujours chez un autre le germe au moins de l'idée qu'il croyait lui être personnelle. Et son amour-propre en souffre; et le sentiment qu'il a de l'inutilité de l'effort accompli le saisit parfois avec force. Mais en même temps c'est une joie pour lui, quand il voit que l'idée dont les conséquences lui paraissent devoir être importantes, mais dont la vérité ne lui apparaît pas encore avec évidence, s'est présentée déjà à l'esprit d'un vrai savant, d'un savant qui paraît s'être rarement trompé. Se rencontrer avec un grand esprit dans la voie de la science, cela donne confiance au chercheur, et lui fait croire que son effort n'est pas impuissant, et lui donne la persévérance qu'il faut pour atteindre et faire quelque chose d'utile dans le domaine qu'on a choisi.

Chacun peut arriver à faire avec une certaine approximation le départ de ce qui, dans son esprit, est idées personnelles et de ce qui est idées empruntées. Il suffit pour cela de commencer jeune — alors qu'on a peu lu encore — à noter : les idées importantes qui se présentent, le jour où elles se présentent, et l'occasion (lecture, par exemple) qui les a fait naître.

∴

La Science est Œuvre sociale

L'œuvre de la science est une œuvre sociale, sociale par le lien qu'elle établit entre les hommes, sociale quant au but qu'elle vise (l'utilité de tous), et sociale quant au moyen qui permet de la faire (la collaboration, directe ou indirecte, de tous).

En effet, l'un pose une question, l'autre la résout ; l'un résout telle partie, l'autre telle autre ; l'un commet une erreur sur tel point, l'autre rectifie l'erreur. Cette collaboration, voulue ou non, aperçue ou non, existe toujours. Et tel qui croit traiter seul un sujet, le fait cependant en collaboration, en collaboration avec des anonymes inconnus : il discute ses opinions non seulement avec lui-même, mais encore avec la foule ; il entend les objections que la foule lui fera, lui fait, et il répond d'avance aux objections. Dans la science, le monologue apparent est toujours un dialogue réel (1).

Aussi, pour bien comprendre un écrit, il est bon de connaître le temps où il a été écrit, de savoir ce qu'on pensait et disait dans le milieu de l'écrivain. Toute phrase écrite est une réponse, inconsciente souvent, à une question posée par un autre ou à une solution donnée par un autre : pour bien comprendre la réponse qu'on lit, il faut connaître la question posée ou la solution donnée par les autres auteurs, il faut énoncer la question à côté de la réponse.

Quand on connaît le temps et le milieu, on parvient à expliquer des erreurs apparentes commises par de bons ou grands esprits. Voici un exemple de ce que j'avance.

Quand on lit l' « Introduction à l'étude de la Médecine expérimentale » (p. 235 sq.), il semble d'abord que Claude Bernard est injuste envers la statistique : il semble qu'il commet l'erreur de ne lui voir aucune utilité, mais au contraire qu'il en trouve

---

(1) L'apparence trompe souvent : monologue et dialogue apparents sont souvent autre chose que ce qu'il semble.

Si, dans la science ou dans l'exposé qu'un auteur fait de ses idées, le monologue apparent est un dialogue réel, on peut voir, d'autre part, que dans la vie commune — dans la conversation courante, dans le discours ou la discussion avec un interlocuteur dans une société amicale, politique ou même scientifique — la discussion apparente ou le dialogue apparent est souvent un monologue réel, ou une juxtaposition de deux monologues réels qui s'enchevêtrent, une juxtaposition des monologues des deux interlocuteurs. Là, chaque individu, lorsqu'il reprend la parole après son interlocuteur, au lieu de répondre directement aux arguments de celui-ci (ce qui serait ou est le propre de la discussion), continue souvent son propre discours interrompu par l'adversaire, reprend le monologue que son interlocuteur avait interrompu. (V. : *La Méthode dans les Choses de la vie cour.*, p. 40, 41.)

C'est ainsi qu'on peut parler longtemps sans que la lumière jaillisse de la discussion, quand la discussion apparente n'est qu'un assemblage de monologues. C'est ainsi que, dans la discussion entre plusieurs adversaires, chacun peut se croire vainqueur, parce qu'il n'a pas été vaincu, parce que ses arguments, n'ayant pas été démontrés faux ou mauvais (et cela parce qu'ils n'ont pas été vraiment discutés ou combattus), lui semblent péremptoires.

l'usage toujours nuisible en médecine. Mais, si l'on prend soin de situer le livre dans son époque (année 1865), et si l'on se met au courant de la littérature médicale de cette époque, on voit qu'à ce moment plus d'un écrivain abusait de la statistique. Claude Bernard combattit l'abus. Si l'on relit avec soin les passages incriminés sans perdre de vue l'état contemporain du milieu scientifique pour lequel ils ont été écrits, on comprend que c'est l'abus qu'il combat; si, au contraire, on néglige de faire ainsi, il semble qu'il combat l'usage.

Les phrases écrites par notre auteur font partie d'un ensemble qui comprend, en même temps que ses propres écrits, les écrits des autres auteurs. Il ne faut pas détacher complètement une partie de l'ensemble, sinon on en change le sens (sans même qu'on ait à changer un seul mot). Le contexte, ici comme toujours, permet d'établir le sens exact du passage. Et tous les écrits (contemporains, et même d'époques différentes) peuvent être considérés comme formant un seul texte — un texte social, pourrait-on dire.

COMMENT L'ÉDIFIER?

COMMENT ET OU L'ENSEIGNER?

PAR QUI LA FAIRE ENSEIGNER?

L'Histoire générale des Sciences est encore dans sa première enfance. Il faut veiller à sa croissance : il faut l'établir sur des fondements solides, et l'édifier ou la construire avec des matériaux choisis.

Les matériaux qu'on peut utiliser sont nombreux, — et surtout variés et divers quant à la provenance et quant à l'importance.

Il faut consulter les écrits de ceux qui se sont occupés d'Histoire générale des Sciences. Mais ces auteurs sont peu nombreux et ont peu écrit.

Il faut consulter les histoires des sciences particulières, de toutes les sciences. Là les matériaux sont déjà nombreux. Il faudra comparer les faits que chacune de ces histoires montre, afin de pouvoir extraire de l'ensemble étudié les faits généraux, ceux qui sont communs à toutes ou à plusieurs de ces sciences. L'histoire ainsi faite sera une histoire à la fois comparée et générale : une histoire comparée, si l'on considère la façon dont on l'aura établie ; une histoire générale, si l'on considère les résultats qu'elle présente.

Les faits que l'on étudiera et que l'on comparera seront ceux qui touchent à la marche de l'esprit humain cherchant la vérité, c'est-à-dire qui touchent à la marche de l'Esprit scientifique ou de la Méthode scientifique. On montrera, en particulier, l'évolution (progrès et regrès) qui s'est accomplie touchant : les questions posées, la manière de poser les questions, la manière d'observer les faits, d'imaginer les hypothèses explicatives, d'instituer les expériences de contrôle, et de tirer les conclusions.

Il faut consulter les histoires déjà faites des sciences particulières. Mais il faut aussi — à l'occasion et souvent — s'occuper d'éclairer soi-même certains points laissés dans l'ombre par ceux qui ont fait l'histoire des sciences particulières. En effet, le point de vue de l'Histoire générale n'étant pas celui que les historiens des sciences ont adopté, ceux-ci ont souvent négligé de considérer ou de mettre en valeur ce qui intéresse la science générale, ce qui nous intéresse ici.

Il faut consulter, non seulement les documents écrits, mais encore tous les monuments quelconques ou tous les signes et manifestations de l'esprit scientifique.

Parmi les écrits, il faut consulter, non seulement ceux des hommes de science et des techniciens et praticiens qui ont prétendu ne faire que de la science, mais encore ceux des écrivains et des poètes qui, tout en prétendant faire de la poésie, traitaient volontairement des sujets touchant à la science ou aux pratiques voisines de la science (Hésiode, Théocrite, Virgile, Ovide, etc.). Il faut encore consulter les auteurs qui semblent n'avoir eu aucune intention scientifique. Ainsi, les poèmes homériques reflètent l'état des connaissances diverses de l'époque qui les a conçus : et non seulement ils nous font connaître les observations déjà faites à ce moment, mais encore ils nous font connaître la façon dont les esprits expliquaient alors la production des phénomènes. Ils nous montrent que les vents, les nuées, etc., étaient alors des productions directes des dieux.

Les auteurs religieux, les livres sacrés des diverses religions n'ont pas d'ordinaire des prétentions scientifiques directes. Pourtant, ils reflètent l'état des connaissances scientifiques de leur époque : et les écrits religieux peuvent être utilisés. Et, par exemple, c'est une constatation intéressant l'histoire de la biologie générale et de la zootechnie que celle de l'indication du procédé employé par Jacob (Genèse, XXX), pour faire produire aux brebis des agneaux tachetés.

Il faut consulter non seulement les auteurs qui ont voulu faire de la science pure, mais encore ceux qui se sont adonnés aux applications et aux pratiques plus ou moins scientifiques. Les médecins (Hippocrate, Galien, etc.) et les agronomes ou les agriculteurs écrivains peuvent fournir des documents nombreux à l'Histoire générale des Sciences.

Les faits qui se rapportent à l'Histoire générale de la Science, c'est-à-dire aux progrès de l'esprit humain, se trouvent répartis dans tous les temps et peuvent être observés dans tous les lieux. Aussi faut-il interroger les écrivains et les monuments de tous les temps et de tous les pays. Et, s'il est utile, pour l'histoire de chaque science particulière, de remonter jusqu'à l'antiquité, il me paraît encore plus utile de le faire, lorsqu'on veut éclairer l'Histoire générale des Sciences. En effet, les oscillations dont j'ai parlé — celles des théories, par exemple — sont d'une très grande amplitude : de telle sorte que, si l'on néglige de remonter assez loin dans le temps (et aussi dans l'espace), on n'aperçoit qu'une partie du mouvement général, que le mouvement dans tel sens; et l'on peut croire, à tort, que l'évolution de l'esprit se fait toujours dans le même sens et que la loi peut être représentée par une ligne sans inflexion.

L'Histoire générale des Sciences sera établie avec l'appui constant des autres histoires générales et particulières, c'est-à-dire avec l'appui de l'Histoire de l'Art ou des Beaux-Arts, de l'Histoire des Religions, de l'Histoire des Législations, de celle des Langues et des Littératures, etc.

En effet, les diverses manifestations de l'esprit humain se tiennent. Et l'on peut éclairer ce que l'une a d'obscur dans ses sources, ses tendances, etc., à la lumière projetée par les autres sciences ou connaissances, à la lumière qui se répand d'un domaine sur les voisins. Il y a concours, aide mutuelle, solidarité entre les différentes parties de l'ensemble de l'Histoire de l'Esprit humain ou de la Civilisation humaine.

Supposons l'Histoire générale des Sciences faite ou établie, établie en partie. Comment l'enseigner?

Je vois plusieurs formes possibles pour cet enseiseignement. Et, comme ces diverses formes ont leurs avantages, je recommande d'employer ces diverses formes : suivant l'occasion, suivant ce que l'on vise dans chaque cas particulier, on emploiera telle ou telle forme, celle qui doit fournir le plus aisément les résultats cherchés.

Ainsi, on peut faire parallèlement ou simultanément l'histoire comparée des différentes questions qui ont agité les esprits à *une époque* donnée. C'est alors l'Histoire générale de la Science à telle époque, au siècle de Périclès, par exemple.

On peut faire parallèlement les histoires comparées des différentes questions agitées en *un pays* donné. Histoire générale des Sciences en Grèce ou à Rome, par exemple.

On peut faire l'histoire d'*une question* déterminée, en comparant, par exemple, l'évolution de la théorie correspondante à celle des autres théories générales, et en comparant les évolutions plus ou moins différentes de cette même théorie suivant les temps et les peuples. Histoire de la doctrine de l'évolution de la matière, par exemple, ou de la doctrine des atomes, ou de la doctrine des générations spontanées.

On peut faire l'histoire d'*une science* déterminée, en comparant son évolution à celle des autres sciences. Histoire générale et comparée de la Physique, par exemple.

On peut faire l'histoire d'*un homme* ou d'un esprit se posant différentes questions : et l'on comparera l'évolution de cet esprit à celle des autres esprits étudiant, soit les mêmes questions, soit des questions différentes. Par exemple, étude sur « Pasteur : Histoire d'un esprit » (1). Les éloges des savants — faits dans les Académies et ailleurs — doivent être rattachés à ce chapitre et à cette forme de l'Histoire générale des Sciences.

On peut encore prendre, pour cadre de l'Histoire générale des Sciences ou de l'esprit humain, celui qui est utilisé pour l'étude de l'*Esprit scientifique* ou de la *Méthode scientifique*. Alors on aura l'histoire : des questions posées, de la manière de poser les questions, de la manière d'observer, de la manière d'imaginer les hypothèses, de la manière d'instituer les expériences, de la manière de tirer les conclusions.

Les diverses formes indiquées ici doivent aboutir toutes, en somme, à donner l'enseignement présenté directement dans cette dernière forme.

---

(1) Chacun peut faire l'histoire de son propre esprit. Pour faire cette histoire il est bon, en particulier, de noter avec soin : d'une part, les idées que l'on a et qu'on croit importantes, avec la date du jour où elles sont apparues avec netteté ; et d'autre part, les idées importantes dont on trouve l'expression dans un écrit, avec la date du jour où l'on a lu l'écrit (date que l'on peut inscrire sur le livre même, en marge du passage intéressant). La pratique de cet usage est fort utile, comme j'ai pu l'observer moi-même.

L'Histoire générale des Sciences fait partie des Sciences historiques. Ses procédés d'information et de construction doivent avoir nécessairement bien des points communs avec ceux des autres sciences historiques ou des histoires des autres manifestations de l'intelligence et de l'activité humaines. Et il faut utiliser les procédés dont les diverses sciences historiques ont déjà montré l'utilité.

A qui doit-on enseigner l'Histoire générale des Sciences?

Il convient de l'enseigner à ceux qui peuvent et doivent en tirer profit. Cette histoire n'est au fond pas autre chose que celle de l'esprit scientifique: elle doit donc être enseignée à ceux dont on veut développer l'esprit scientifique et chez lesquels on peut espérer que l'esprit scientifique atteindra un certain développement. Il est utile que les hommes auxquels on s'adresse aient déjà des connaissances scientifiques suffisamment assises et aussi des notions d'une au moins d'entre les histoires de sciences particulières. (Il faut éviter que l'Histoire générale des Sciences puisse s'égarer au milieu des théories générales sans fondement. Il faut la baser sur l'observation des faits.)

Cette science sera donc enseignée surtout dans l'Enseignement supérieur, et aux esprits qui, voulant faire avancer la science dans l'avenir, ont besoin de connaître comment on l'a fait avancer dans le passé. Par suite, elle pourra être présentée ou donnée comme complément à tous les enseignements — ou aux enseignements de toutes les diverses sciences —, comme couronnement de toutes les études diverses que l'esprit humain peut entreprendre.

L'Histoire générale des Sciences sera enseignée par

ceux qui, curieux de toutes les sciences — et aussi des arts, langues, religions, législations, etc —; pourront comprendre les faits des diverses sciences, ainsi que la marche de l'esprit humain dans les différents domaines. L'Histoire générale des Sciences (ou l'étude de la marche de l'esprit humain considérée dans l'histoire) sera faite ou enseignée par ceux qui connaissent la marche de l'esprit humain dans l'étude qu'il fait des diverses questions — c'est-à-dire par ceux qui connaissent ou étudient la Méthode scientifique.

CE QU'ELLE DOIT FAIRE

(Rôle, Utilité)

L'Histoire générale des Sciences est chose utile. Elle est utile au développement de la science pure; elle est utile aussi au développement des applications qui font l'homme plus puissant. Elle nous permet de connaître et de faire, de prévoir et de préagir ou pourvoir.

L'Histoire générale des Sciences est propre à satisfaire la curiosité qui suit ou accompagne l'étonnement — étonnement dont, depuis Aristote, on fait dériver toute la science humaine. L'*histoire des faits* suffit d'ordinaire à satisfaire la curiosité de la plupart des hommes.

L'Histoire générale des Sciences est utile au développement de la science. Elle nous fait connaître les idées oubliées et, parmi elles, celles qui doivent être reprises pour que la science progresse. En nous faisant connaître les idées des autres hommes, elle provoque par réaction chez chacun de nous l'éclosion de ses idées personnelles — idées semblables à ou différentes de celles des auteurs étudiés. Elle nous montre, en particulier, comment la science s'est faite, comment l'esprit humain s'y est pris pour extraire de la nature et du chaos de sa propre conscience la vérité cachée, comment il s'y est pris pour séparer le vrai du faux, pour cultiver et développer le premier et pour éliminer le second, comment il s'y est pris pour découvrir les « faits », leurs « causes » ou conditions et leurs « lois ».

Cette histoire de l'esprit humain partant à la recherche de la vérité, ce n'est pas autre chose que l'histoire de la Méthode scientifique. Et l'*histoire des méthodes* ou de la Méthode scientifique est la partie la plus importante de l'Histoire générale des Sciences : car, en nous montrant comment les découvertes passées ont été faites, elle nous indique comment seront faites les découvertes futures, comment nous devrons nous y prendre, si nous voulons faire des découvertes.

L'Histoire des Sciences, c'est l'histoire des *vérités* découvertes; mais c'est aussi l'histoire des *erreurs* commises. Et il est, je crois, aussi utile d'étudier les erreurs commises que d'étudier les vérités découvertes. En nous montrant comment les erreurs ont été commises, quelles causes d'erreur ont entraîné les plus fermes esprits, elle nous met en garde contre ces causes d'erreur. Elle nous montre, par exemple, qu'il faut, si l'on veut ne pas s'égarer, partir de positions suffisamment définies (définitions des mots et principes), de bases suffisamment établies, qu'il faut : bien poser les questions, bien observer les faits, bien imaginer les hypothèses explicatives, bien instituer les expériences de vérification ou de contrôle, et bien tirer les conclusions. Elle nous montre qu'il ne faut pas se laisser dominer par l'idée préconçue, ni par l'autorité des auteurs, quels qu'ils soient, ni par l'autorité des mots — qui sont parfois grands, sonores et vides —, etc.

Qu'elle soit histoire des vérités découvertes ou histoire des erreurs commises, toujours l'Histoire des Sciences nous conduit à considérer l'Esprit scientifique et la Méthode scientifique. L'Esprit scientifique ne peut être connu, si l'on ne cherche à le voir à l'œuvre dans l'Histoire de la science; et l'Histoire de la science ne sert à rien d'utile, si elle ne nous conduit pas à connaître l'Esprit scientifique, en nous montrant en même temps et les œuvres qu'il a faites et le travail qui a produit les œuvres.

En nous faisant voir ce qu'est l'esprit scientifique, l'Histoire des sciences nous permet de l'obtenir. Elle permet de faire qu'on puisse dire de chacun de nous qu'il est un « esprit scientifique ».

« L'esprit scientifique — aimant passionnément la vérité, et voulant la connaître, en connaître toujours plus — sera *curieux* de toutes choses; il poursuivra avec *ténacité* la vérité, en maintenant toujours en éveil l'*attention* qui permet de ne pas la laisser échapper, quand on passe près d'elle.

« Quand il aura trouvé la vérité, accompagnée de preuves, il lui *fera fête* et voudra la *communiquer* aux autres, afin qu'ils la connaissent, qu'ils l'aiment et lui fassent fête aussi.

« Quand la prétendue vérité se présentera sans preuve, il refusera de la reconnaître : il restera dans le *doute* jusqu'à ce que les preuves aient été fournies.

« Lorsque de prétendues preuves seront présentées, l'esprit scientifique, n'étant *pas crédule,* ne les croira bonnes qu'après les avoir *critiquées* avec soin, qu'après les avoir *examinées librement*. Il croira, non les hommes, mais les preuves : il croira les preuves, et elles seulement, et non l'*autorité,* quelle que soit la forme sous laquelle celle-ci se présente (autorité des *auteurs* humains ou divins, autorité des *préjugés* personnels ou des *idées préconçues,* autorité des *jugements prétendus infaillibles* et du *consentement universel,* autorité des *passions* qui faussent le jugement, autorité des *mots* cachant les choses, autorité de l'*injure* présentée comme preuve, etc.).

« Lorsque les preuves critiquées auront été reconnues valables, il *se soumettra* : il se soumettra pleinement et sans arrière-pensée. Il distinguera la *preuve du fait*, qui peut être établie avec une force très grande, de la *preuve de l'explication*, qui n'est jamais établie qu'avec une force moindre.

« En critiquant les preuves, il verra qu'elles ont des degrés différents de force probante, et que les faits qu'elles soutiennent sont, par conséquent, plus ou moins probables, inégalement probables. Il essayera d'attribuer à ses différentes affirmations les *probabilités* (tant o/o) qui leur correspondent en raison des preuves fournies. Il affirmera dans la mesure où il a des preuves : il sera *prudent dans ses affirmations*.

« L'esprit scientifique possède donc, en un mot, le *sens de la preuve*. Il possède le sentiment de l'évolution scientifique, ou — si l'on peut ainsi parler — le *sens de la science qui se fait* et n'est jamais faite.

« Ne voulant pas donner pour vérité ce qui est erreur, il *ne parlera que de ce qu'il connaît*.

« L'esprit scientifique, voyant combien la vérité est difficile à saisir, sera modeste et tolérant. Il sera *modeste*, il ne se croira pas infaillible, parce qu'il aura remarqué que tous les savants étudiés ont failli. Il sera *tolérant*, pour les prétendues erreurs et envers les hommes qui les soutiennent, parce qu'il aura constaté que ce qui passe auprès de tous pour vérité à un moment quelconque de l'évolution scientifique n'est parfois qu'une erreur déguisée en vérité (erreur classique), tandis que ce qui passe pour erreur n'est parfois qu'une vérité pas encore prouvée : il permettra à Galilée de dire que la terre se meut, et de prouver son dire.

« L'esprit scientifique — aimant la vérité et voulant la connaître — fera, pour y parvenir, tout ce que lui impose une méthode rigoureuse. » (*L'Esprit scientifique et la Méthode scientifique*, p. 77 sq.)

La connaissance de l'Histoire générale des Sciences nous rend modestes et hardis.

Elle nous rend modestes, en nous montrant toujours la science qui se fait, et jamais la science faite : elle nous empêche par là de croire que la science de notre époque représente le terme dernier de l'évolution scientifique. Elle nous rend modestes, en nous montrant que nos grandes inventions ne sont souvent que des inventions de choses non pas neuves, mais seulement renouvelées ou remises à neuf. Elle nous rend modestes, parce qu'elle nous montre où conduit l'orgueil : elle nous montre que, lorsque les savants, frappés d'orgueil pour leur science propre ou pour la science de leur temps, ont voulu imposer des bornes à la science de l'avenir, en disant « cela est impossible à faire », la science de l'avenir leur a infligé un cruel démenti. Aug. Comte et Pasteur — pour ne citer que deux noms parmi les plus grands — lorsque, croyant trop à la valeur de la science de leur temps, ils ont voulu marquer un terme à la découverte dans un domaine spécial, ont été convaincus d'erreur : la preuve de leur erreur s'est montrée vite.

L'Histoire générale des Sciences nous rend hardis. En nous montrant que rien (ni les difficultés naturelles, ni les affirmations des hommes, même très savants, qui nient la possibilité de telle ou telle chose) n'a pu arrêter dans sa marche la science, elle nous permet de croire que celle-ci continuera ses progrès, qu'elle étendra sa juridiction sur un domaine toujours de plus en plus vaste. En nous montrant qu'il est possible de faire avancer la science, elle nous donne la hardiesse nécessaire pour entreprendre cette tâche : elle nous donne aussi la ténacité.

L'Histoire générale des Sciences nous fait voir l'alternance des phénomènes scientifiques, l'alternance et l'oscillation des théories, des points de vue, etc.

Elle nous montre que parfois, pour avancer réellement, il faut reculer en apparence: elle nous fait distinguer le progrès et le regrès réel du progrès et regrès apparent.

Tandis que l'Histoire générale des sciences nous donne la vue complète des méthodes de recherche, l'Histoire spéciale de telle ou telle science ne nous montre qu'une partie du tableau que nous avons intérêt à connaître. Toutes les sciences n'ont pas suivi le même développement, toutes ne sont pas à un moment donné au même stade de leur évolution: leurs méthodes et leurs techniques ne sont pas également perfectionnées. Or, les procédés généraux de l'esprit humain sont partout les mêmes: et tel procédé particulier dérivé, qui a servi à découvrir une loi et qui n'est appliqué encore que dans telle science, pourrait être appliqué avec avantage dans telle autre. Et il importe que l'application possible soit signalée et préparée dans et par l'Histoire générale des Sciences.

L'Histoire générale des Sciences est éminemment utile.

Elle n'est pas seulement destinée à satisfaire la curiosité humaine. Elle sert à connaître et à agir. Elle sert à donner l'esprit scientifique et la méthode scientifique. Esprit scientifique et Méthode scientifique d'une part, et Histoire générale des Sciences d'autre part, ce sont là deux faces d'un même objet, deux connaissances complémentaires — comme sont complémentaires, pour la possession d'un même phénomène, la connaissance de l'état statique (Esprit scientifique) et celle de l'état dynamique et cinématique (Histoire générale des Sciences).

RÉSUMÉ

L'avenir est ce qui nous importe.

La science veut savoir pour prévoir l'avenir, et prévoir afin de pourvoir. Elle veut connaître les *faits* et les *causes* ou conditions, afin d'avoir la possibilité de déterminer les *lois* qui permettent de prévoir.

La Science se fait par le moyen de la Méthode scientifique que le savant emploie grâce à l'Esprit scientifique qu'il possède.

L'Histoire générale des Sciences nous fait assister au travail de la Méthode scientifique et de l'Esprit scientifique. En nous montrant ce travail, elle nous fait connaître l'Esprit scientifique et la Méthode scientifique.

Le passé de la science nous fait connaître son avenir, l'avenir qui nous importe. (P. 7 à 21.)

L'Histoire générale des Sciences — comme toute science positive — recherche des *faits*, des *causes* ou conditions, et des *lois*. Elle recherche ce qu'il y a de commun dans l'histoire des sciences spéciales. Et ce qu'il y a de commun aux diverses sciences spéciales, c'est la Méthode scientifique et l'Esprit scientifique; et ce qu'il y a de commun dans les histoires des diverses sciences spéciales, c'est l'histoire de l'Esprit scientifique ou de la Méthode scientifique.

L'Histoire générale des Sciences est nécessairement philosophique, comme la Philosophie des Sciences doit nécessairement être historique ou basée sur l'histoire. Histoire générale des Sciences et Philosophie des Sciences s'appellent et se pénètrent.

L'Histoire générale des Sciences — recherchant ce qu'il y a de commun à diverses sciences — doit nécessairement comparer ces sciences, et comparer les évolutions de ces sciences. L'Histoire générale des Sciences est une histoire comparée, de même que l'Histoire comparée des Sciences serait, en un certain sens, une histoire générale. On doit donc parler d'une Histoire générale et comparée des Sciences.

L'Histoire générale des Sciences est encore dans l'enfance. Elle a encore si peu signalé son existence que certains hommes, certains savants, ne savent pas ce qu'elle peut être, ignorent qu'elle existe et qu'elle puisse être utile, et même supposent qu'elle ne pourra jamais exister. (P. 23 à 33.)

L'Histoire générale des Sciences — bien qu'elle soit à peine née — nous laisse apercevoir déjà un certain nombre de lois ou de tendances générales.

Elle nous montre l'alternance ordinaire des deux courants généraux qui, dans chaque domaine de la science, se partagent la faveur publique et la puissance. Elle nous montre l'oscillation de chacun des deux courants ou des deux tendances, — oscillation qui conduit la tendance de la position de faveur ou de culture à la position de défaveur et d'oubli, et qui conduit ensuite à la position opposée ou inverse. (P. 34 à 37.)

Elle nous montre les diverses attitudes que l'esprit prend en face de la nature ou des objets à étudier.

Elle nous montre comment — dans l'évolution de l'espèce humaine, comme dans celle de l'individu —

les périodes de doute et celles de croyance alternent, et comment la croyance, quand elle est aveugle (ou quand elle va contre les preuves ou en dehors des preuves), nous conduit à l'erreur. (P. 37 à 39.)

Elle nous montre que la science est faite au moyen de matériaux solides (les *faits*) et d'un ciment plus ou moins ferme ou consistant (les *théories* constructives). — Les faits sont surtout dans la nature; les théories sont surtout dans notre imagination.

Elle nous montre que la faveur publique va toujours alternativement des faits aux théories constructives, et réciproquement; et que, aux périodes où l'on voit les faits, on dédaigne les théories, et que, aux périodes où l'on imagine les théories, on dédaigne les faits. Elle nous montre les défauts des deux systèmes extrêmes, qui tendent : l'un, à construire sans matériaux solides; l'autre, à construire sans ciment ou sans lien aucun — ou plutôt à juxtaposer sans construire. (P. 39 à 43.)

Elle nous montre l'alternance des deux tendances analytique et synthétique, considérées, en particulier, sous la forme de la réunion dans un même esprit des diverses parties de la connaissance humaine (synthèse subjective, en un sens — encyclopédisme), ou de la disjonction de ces différentes parties (analyse subjective ,en un certain sens — spécialisme.)

On voit d'abord venir la synthèse — aussi bien objective que subjective —, puis l'analyse, puis on voit la synthèse qui point.

D'autre part, la synthèse objective se montre, ou se montrera, non seulement dans la science, mais encore dans l'art (Musique des couleurs), et partout. (P. 43 à 48.)

Elle nous montre les tendances analytique et synthétique agissant dans le domaine de l'explication du monde, et apparaissant sous la forme de l'unification de la Science ou sous la forme contraire. Ramener tout à l'unité dans la science (comme tout, semble-t-il, se ramène ou est réductible à l'unité dans la nature) est une tendance qui existe toujours chez les grands esprits, et qui, chez les moyens et petits esprits, alterne avec la tendance contraire — moins fréquente et moins intense pourtant que la première.

Elle nous fait connaître — entre autres choses — les efforts qui ont été faits pour ramener les phénomènes physico-chimiques au phénomène mécanique, et les phénomènes biologiques aux phénomènes physico-chimiques. (P. 48 à 50.)

Elle nous montre que ce qui est aujourd'hui science a été autrefois fantaisie, que, à l'origine de toute connaissance scientifique ou positive, il y a une prétendue connaissance qui n'a rien de scientifique, que les divers objets connus aujourd'hui scientifiquement ont été autrefois connus ou imaginés d'une façon empirique et fantaisiste. Elle nous porte à croire que, là où nous voyons actuellement régner l'empirisme et la fantaisie, la science pénètrera un jour et portera la lumière et règnera à son tour.

Elle nous fait voir ou nous porte à croire que, dans tous les domaines de l'activité humaine (beaux-arts, industries, etc.) l'évolution doit être semblable. (P. 50 à 53.)

Elle nous montre que l'homme ramène tout à soi : il se met au centre de tout, et prétend tout modeler sur sa propre forme. Chacun croit que ce qu'il fait, c'est ce qu'il faut faire, que ce qu'il est, c'est ce qu'il faut être, que ses tendances actuelles (tendances analytique, ou constructive, ou autres) sont les tendances permanentes des vrais savants de tous les temps et de tous les lieux.

Chacun prétend faire tourner le monde et l'histoire autour de son individu (égocentrisme), de son espèce, de sa nation, de son pays et de son temps. (P. 54 à 57.)

Elle nous montre que l'histoire de la Méthode scientifique est l'essentiel de l'Histoire générale des Sciences, et qu'on l'a peu étudiée jusqu'à présent.

Elle fait voir que l'auteur qui s'en est le plus occupé, Aug. Comte, n'a guère éclairé nettement qu'une des six parties de l'histoire de la Méthode scientifique, parties qui sont : 1° questions à poser, 2° manière de poser les questions, 3° manière d'observer les faits, 4° manière d'imaginer les hypothèses explicatives, 5° manière d'instituer les expériences de contrôle, 6° manière de tirer les conclusions. (P. 57 à 59.)

Elle nous montre que les grandes révolutions accomplies dans la science sont contemporaines de révolutions dans la méthode, et sont conséquence de révolutions dans la méthode, — et que les plus grands noms de la science sont ceux des hommes qui ont révolutionné la méthode.

Les diverses étapes parcourues nous ont conduit à la période (dont la venue est prochaine et dont les avant-coureurs se montrent) où apparaîtra l'Organisation de la Science et du Travail scientifique, — organisation faite de propos délibéré, et à laquelle tous seront associés. (P. 59 à 64.)

Elle nous montre quels sont les objets que l'homme étudie, recherche ou cultive.

Elle montre que, dans la science, la faveur et

l'étude oscillent du vrai à l'utile et réciproquement, comme dans l'art elles vont du beau à l'utile, comme dans la morale elles vont du bien à l'utile, comme elles oscillent ailleurs, dans tous les domaines de l'activité humaine.

Elle nous fait voir que le mieux est d'associer les deux tendances ou mouvements ou actions, c'est-à-dire de rechercher à la fois : d'une part le *vrai*, le *beau* et le *bien*, et d'autre part l'*utile*. (P. 65 à 67.)

Elle nous montre le parallélisme de certaines cultures et évolutions scientifiques — et, par exemple, le parallélisme de la culture et de l'évolution de la « médecine » et de la culture et de l'évolution de l'« agriculture », ces deux connaissances parentes. (P. 68 à 70.)

Elle nous montre les résultats atteints, les conclusions auxquelles arrivent les hommes, par suite de l'attitude prise par eux et des conditions des objets étudiés.

Elle nous montre qu'il est fort dangereux, dans la science, d'énoncer des impossibilités (que la nature ne tient pas pour impossible), — car on voit que la nature réalise souvent ce dont l'homme affirme l'impossibilité.

Elle fait voir que l'esprit humain, dans sa croyance aux impossibilités, passe par trois stades, qui correspondent : le 1er à l'ignorance profonde, le 2e à la demi-science, le 3e à la science plus grande et plus prudente. (P. 71 à 74.)

Elle montre que le novateur est, par définition, un faiseur ou un montreur de paradoxes, et que toute grande découverte a été d'abord — pendant plus ou moins longtemps — chose paradoxale.

Elle fait distinguer le paradoxe vrai (ou qui correspond à la vérité) du paradoxe faux (qui correspond à l'erreur). (P. 75 à 80.)

Elle montre que le progrès (marche dans le sens du mieux) a été poursuivi dans tous les domaines, et qu'il a été incontestablement obtenu dans le domaine de la science ou du vrai, et dans celui de l'industrie ou du matériellement utile.

Elle nous fait espérer qu'on l'obtiendra aussi (et sans que personne puisse contester le résultat) dans les domaines du beau et du bien. (P. 80 à 83.)

Elle montre que le domaine de la science tend à s'agrandir de plus en plus, et que la science et l'esprit scientifique tendent à pénétrer de plus en plus dans tous les domaines, dans tous les domaines où se manifestent l'intelligence et l'activité humaines. (P. 83 à 85.)

Elle montre que les opinions en apparence contradictoires sont d'ordinaire seulement différentes, qu'elles sont l'expression ou la traduction d'un même objet qui, ayant plusieurs faces, peut être vu de plusieurs façons différentes et pourtant toutes également vraies ou exactes.

Elle fait voir que la contradiction apparente aboutit souvent à une conciliation réelle, quand un esprit puissant, capable de voir les différentes faces des objets, s'occupe de l'étude complète de l'objet à l'occasion duquel la contradiction est apparue. (P. 85 à 87.)

Elle montre que le progrès venant de l'idée ne se produit que si le milieu de culture dans lequel l'idée est lancée est prêt à la recevoir.

Si le terrain n'est pas préparé, l'idée ne germe pas. Si le penseur est trop en avance sur son temps, on croit qu'il est illuminé ou fou. (P. 87 à 90.)

Elle montre que la faveur dont jouissent l'idée et le penseur qui l'a émise tient à des conditions qui dépendent pour partie seulement de la valeur de l'idée ou du penseur. Ces conditions sont (la valeur de l'idée mise à part) : la préparation du milieu récepteur ou l'adaptation de l'idée au milieu, la conservation et la divulgation des écrits, le style des écrits, l'amitié des disciples, les amitiés d'école ou en général de groupe, etc. (P. 90 à 93.)

Elle montre que le progrès dans la science dépend de conditions diverses, dépend du savant, du milieu, de l'objet étudié, du point de départ ou du fait-base, du point de vue, etc., et particulièrement des méthodes.

Elle fait voir que, parfois, les plus grands progrès dérivent d'inventions d'apparence modeste ou non géniale — comme le sont, par exemple, celles du verre, du papier, de l'imprimerie. (P. 93 à 96.)

Elle montre que parfois l'erreur est utile, parce qu'elle conduit à la vérité, parce qu'elle est l'étape nécessaire que l'imperfection humaine nous force à traverser avant de parvenir à la vérité. (P. 96, 97.)

Elle montre que nombre d'erreurs aujourd'hui connues comme telles ont été longtemps enseignées comme vérités par les meilleurs esprits, ont été longtemps classiques.

Elle nous fait voir combien il est utile de faire l'histoire de ces erreurs, de les éclairer et d'en déterminer les causes, afin d'empêcher ceux qui viendront après nous d'errer où les premiers se sont trompés, de choir où les premiers sont tombés. (P. 97, 98).

Elle montre que toutes les idées importantes tendent à enfler leur importance, et que les disciples tendent à pousser jusqu'à l'exagération et à l'abus l'usage qu'ils font du fait nouveau ou de l'idée ou de la théorie.

Elle fait voir que les disciples maladroits et ignorants ne sont pas seuls à déformer la théorie ou la parole du maître, mais que les ennemis ou les malveillants s'attachent aussi à pratiquer la déformation, d'une façon plus ou moins systématique. (P. 98 à 101).

Elle montre qu'il n'y a « rien de nouveau sous le soleil », pas plus dans les idées ou les théories que dans les faits de la nature.

Elle fait voir qu'on trouve toujours chez de plus anciens auteurs le germe de l'idée qu'on croit neuve, et que ce qu'on peut apporter d'original, c'est plutôt une forme nouvelle ou un développement nouveau qu'une idée nouvelle vraiment pure de tout antécédent. L'invention existe ; mais elle est telle. (P. 101 à 104.)

Elle montre que la science est œuvre sociale — servant à tous, liant tous, faite par tous.

Elle fait voir que, même lorsqu'on prétend parler seul et travailler seul, on collabore avec d'autres et l'on discute avec d'autres. Et la connaissance que nous prenons de cette collaboration inconsciente et anonyme nous permet d'expliquer certaines erreurs apparentes — que l'on peut comprendre, lorsqu'on rapproche les affirmations des différents collaborateurs anonymes, lorsqu'on rapproche les réponses des questions auxquelles elles répondent, lorsqu'on rapproche tous les écrits traitant d'un même sujet, lorsqu'on éclaire un passage d'un auteur au moyen du contexte formé par les écrits des contemporains, écrits dont l'ensemble constitue comme un texte social. (P. 104 à 106).

Elle montre bien d'autres choses encore que je n'ai pas signalées dans ce travail.

L'Histoire générale des Sciences est encore dans sa première enfance, ou même elle n'existe encore qu'en germe. Il faut l'établir sur des fondements solides, et la construire ou l'édifier avec des matériaux choisis et un ciment qui tienne : il faut recueillir des faits, et du rapprochement de ces faits tirer les lois d'évolution qu'ils laissent apparaître.

Les matériaux, les faits seront fournis d'ordinaire par les histoires des sciences particulières, histoires faites ou à faire. Il faut interroger tous les monuments que l'histoire consulte, les monuments de tous les temps et de tous les lieux, et en particulier les écrits de tous les écrivains, quel que soit l'objet sur lequel ils ont écrit.

Le ciment qui doit réunir les faits intéressants pour l'Histoire générale des Sciences sera fourni par la Méthode scientifique, dont le plan pourra être emprunté et pour la recherche et pour l'exposé des lois qui expriment l'évolution de la Science.

Elle sera enseignée à ceux qui ont besoin de posséder l'Esprit scientifique ou la Méthode scientifique, à ceux, en particulier, qui veulent faire avancer la science. Elle sera donc présentée surtout dans l'enseignement supérieur, et comme complément à toutes les études quelconques faites là, — parce que la connaissance de l'histoire de la Méthode scientifique est utile ou nécessaire à tous ceux qui veulent connaître la Méthode scientifique.

Elle sera enseignée par ceux qui, curieux de toutes choses (sciences, arts, etc.), étudient spécialement ou possèdent l'Esprit scientifique et la Méthode scientifique. (P. 107 à 113.)

L'Histoire générale des Sciences est utile à connaître : elle est utile au développement de la Science et de l'Esprit scientifique, et utile au développement des applications.

Elle est histoire des *faits*, et histoire des *doctrines*.

Elle est histoire des *faits*, entendus dans le sens large du mot (elle étudie et présente des faits, des causes, et des lois), et histoire des *méthodes*.

Elle est histoire des *vérités* découvertes, et histoire des *erreurs* commises.

Et en étudiant ces différents objets — sous lesquels on voit apparaître la Méthode scientifique —, le chercheur apprend à connaître la Méthode scientifique ou l'Esprit scientifique, et se prépare à posséder Méthode et Esprit scientifiques. En particulier, la présente étude donne les qualités — nécessaires au savant — de modestie, de tolérance, de hardiesse et de ténacité.

Elle fait connaître l'ensemble du tableau des progrès de l'esprit humain, — ensemble que les histoires des sciences particulières ne peuvent montrer.

En faisant connaître le passé, l'Histoire générale des Sciences prépare l'avenir, l'avenir de la connaissance et de la puissance humaines. Elle permet de faire que l'homme devienne plus savant, et aussi plus puissant sur la nature et sur lui-même. (P. 114 à 119.)

2e TABLE DES MATIÈRES

Avant-Propos 5
La Science, l'Histoire des Sciences et l'Esprit scientifique 7
L'Histoire générale des Sciences :
Ce qu'elle est. — Ce qu'elle n'est pas 23
Ce qu'elle montre :
Alternance et Oscillation 34
Doute et Croyance 37
Construction et Matériaux : les Faits 39
Analyse et Synthèse — Encyclopédisme 43
L'Unité dans la Nature et dans la Science 48
Fantaisie et Science 50
Anthropocentrisme et Anthropomorphisme 54
La Méthode 57
Révolutions dans la Méthode 59
Le Vrai et l'Utile 65
La Médecine et l'Agriculture 68
Les Impossibilités 71
Les Paradoxes 75
Le Progrès 80
Le Domaine de la Science 83
Contradiction et Conciliation 85
Les Idées et le Milieu récepteur 87
Faveur et Défaveur 90
Conditions du Progrès scientifique 93
Les Erreurs utiles 96
Les Erreurs classiques 97
Les Exagérations 98
Rien de Nouveau sous le soleil 101
La Science œuvre sociale 104
Comment l'édifier, comment et ou l'enseigner, par qui la faire enseigner 107
Ce qu'elle doit faire (rôle, utilité) 114
Résumé 121

ARGENTEUIL. — IMPRIMERIE WORMS-OLLIVIER

BIBLIOTHÈQUE DES MÉTHODES DANS LES SCIENCES EXPÉRIMENTALES

PUBLIÉE SOUS LA DIRECTION DE

LOUIS FAVRE

PAR

LA LIBRAIRIE C. REINWALD

SCHLEICHER FRÈRES, ÉDITEURS

15, Rue des Saints-Pères, 15, Paris

Notre but est de contribuer à l'avancement des sciences expérimentales. Notre moyen consistera à mettre à la disposition de l'homme de science — et principalement du commençant — les méthodes nécessaires pour la marche en avant.

Ces méthodes se rapportent soit à la recherche ou à la découverte, soit à l'enseignement. Méthodes de recherche et méthodes d'enseignement doivent être connues.

Chaque volume de la collection réunira les principales méthodes déjà employées dans la science dont il traite, méthode dont l'exposé se trouve actuellement disséminé dans un grand nombre de livres et de mémoires : elles seront groupées d'après leurs ressemblances, et l'auteur s'efforcera de dégager l'esprit de chacune.

Dans une découverte faite, il y a deux choses à voir : le fait même découvert — qui appartient déjà au passé de la science, — et la méthode ayant servi à le découvrir — qui appartient plus encore à l'avenir de la science qu'à son passé. – Chacun des faits de la nature n'a pas une essence particulière : chacun, au contraire, a des rapports essentiels et des ressemblances avec d'autres faits. Les faits sont, si l'on veut, d'espèces différentes, mais les espèces différentes peuvent être classées dans des genres groupant ensemble les espèces voisines et souvent aussi dans des groupes plus larges Indiquer comment on a pu, dans un cas donné, aborder un fait, par quelle méthode on a pu vaincre la difficulté qui se présentait dans l'étude, c'est, par cela même, indiquer comment on pourra (en modifiant seulement d'une façon minime le procédé employé dans ce premier cas) vaincre les difficultés semblables, les difficultés de même genre et d'espèce différente.

Il convient de montrer, pour chaque méthode, ce qu'elle a d'essentiel et en même temps de général ou qu'il soit possible d'appliquer d'une façon générale : il faut que le mécanisme de chaque méthode soit pour ainsi dire démonté, afin que chaque lecteur distingue bien à quel usage est destinée chacune des parties principales, et, voyant ce à quoi on l'a employé, puisse déterminer ce à quoi on l'emploiera utilement.

Dans la recherche scientifique, dans le combat contre l'ignorance et contre l'erreur, une méthode n'est pas une arme qui s'use ou se détériore dans un premier usage : bien au contraire, elle se perfectionne, elle s'aiguise — si l'on peut ainsi parler, — quand on l'emploie, et elle est prête toujours pour de nouveaux usages.

III

S'il est de bonnes méthodes, il en est aussi de mauvaises, ou plutôt, de mal appliquées, qui ont conduit non à la vérité, mais à l'erreur. Quand ces mauvaises méthodes ont été employées par nombre d'excellents esprits qui les croyaient bonnes, il est utile de les signaler, afin que chacun se garde d'en faire usage.

Dans un fait découvert, ce qui doit intéresser l'homme de science, ce n'est pas tant le fait même, le fruit produit au jour, que la méthode de culture qui a fait fructifier la semence de vérité. Le fait découvert, c'est déjà le passé de la science : tournons-nous vers son avenir. Efforçons-nous de préparer cet avenir et de rendre féconde la semence.

Il y a deux façons d'enseigner la science : celle qui consiste à indiquer *principalement* les faits découverts (elle convient à l'enseignement élémentaire), et celle qui consiste à indiquer *principalement* les méthodes qui ont permis et permettront de découvrir (elle convient à l'enseignement supérieur). La première manière est à peu près seule appliquée actuellement dans les livres : c'est l'application de la deuxième manière que nous comptons faire ici, pour toutes les sciences déjà expérimentales, et pour celles qui tendent à le devenir.

Il sera fait pour les Sciences mathématiques, les Sciences littéraires et les Industries, et pour l'Histoire des Méthodes, ce qui est fait dans la présente collection pour les Sciences expérimentales, et ce qui a été fait ailleurs pour les Beaux-Arts et les Choses de la vie courante.

www.ingramcontent.com/pod-product-compliance
Ingram Content Group UK Ltd.
Pitfield, Milton Keynes, MK11 3LW, UK
UKHW020315250726
13967UKWH00004B/1740